Oraciones que revelan el Cielo en la Tierra

John Eckhardt

CASA CREACIÓN
Para vivir la Palabra

Para vivir la Palabra

MANTÉNGANSE ALERTA;
PERMANEZCAN FIRMES EN LA FE;
SEAN VALIENTES Y FUERTES.
—1 CORINTIOS 16:13 (NVI)

Oraciones que revelan el cielo en la tierra por John Eckhardt
Publicado por Casa Creación
Miami, Florida
www.casacreacion.com
Copyright © 2010, 2021 por Casa Creación

Library of Congress Control Number: 2010930344
ISBN: 978-1-61638-076-2
E-ISBN: 978-1-61638-295-7

Desarrollo editorial: *Grupo Nivel Uno, Inc.*
Diseño interior: *Grupo Nivel Uno, Inc.*

Publicado originalmente en inglés bajo el título:
Prayers That Release Heaven on Earth.
© 2010 by John Eckhardt.
Charisma House, A Charisma Media Company,
Lake Mary, FL 32746
Todos los derechos reservados.

Nota de la editorial: Aunque el autor hizo todo lo posible por proveer teléfonos y páginas de Internet correctas al momento de la publicación de este libro, ni la editorial ni el autor se responsabilizan por errores o cambios que puedan surgir luego de haberse publicado.

Impreso en Colombia

20 21 22 23 LBS 9 8 7 6 5 4 3 2 1

CONTENIDO

SECCIÓN 1:

Entender el plan de Dios

SECCIÓN 2:

DAD GLORIA AL
UNGIDO DEL SEÑOR

1. Dad gloria al ungido del Señor, al Hijo de David;
   Su reino ha venido, su nombre bendecid.
   De todo ser cautivo, Él es la libertad,
   Es gracia que nos limpia de toda iniquidad.

2. Él viene a socorrer a los que sufren;
   A ayudar a los pobres y necesitados,
   A hacer a los débiles fuertes;
   A darles canción;
   A tornar su oscuridad en luz,
   Las almas de quienes son condenados a morir,
   Son preciosas a su vista.

3. Vendrá cual fresca lluvia la tierra a saturar;
   A su glorioso paso las flores se abrirán.
   Será sobre altos montes heraldo de la paz;
   Y en valles y collados justicia brotará.

4. Los que de Arabia lleguen ante Él se humillarán;
   Quien venga de Etiopía, su gloria admirará.
   De todo el mundo naves vendrán a ofrecer,
   Con devoción tesoros y ofrendas a sus pies.

5. Que se ore por Él sin cesar
   Y cada día se le bendiga;
   Que su reino siga creciente,
   Un reino sin fin.
   Que el tiempo nunca anule su pacto;
   Que su nombre perdure para siempre;
   Ese nombre que para nosotros es amor.

6. El cielo que ahora le oculta,
   En consejos profundos y sabios,
   En gloria lo revela ahora
   Para regocijo de nuestros ojos,
   Él que, con manos alzadas,
   Cuando a la tierra bajó,
   Vendrá de nuevo con todos sus dones,
   Sus bendiciones a otorgar.

7. Los reyes se postrarán delante de Él,
   Y traerán incienso y oro,
   Que todas las naciones le adoren,
   Los pueblos canten su alabanza.
   Su dominio se extenderá de mar a mar,
   Desde el río hasta los confines de la tierra,
   Se remontará tan alto como el águila
   O como la paloma que se eleva ente la luz.

8. Saldrá victorioso sobre todos sus enemigos,
   En su trono será su reposo;
   A través de las edades
   Se bendigan todos, unos a otros.
   En Él sean benditos.
   El curso del tiempo
   Nunca eliminará su pacto;
   Su nombre perdura para siempre,
   Su nombre inmutable amor.*

—James Montgomery

---

* "Hail to the Lord' Anointed", letra de James Montgomery, una paráfrasis del Salmo 72, escrito en diciembre de 1821, publicada en 1822. De dominio público.

Introducción

Dios tiene un plan maravilloso para su Iglesia, uno que ayudará a dar a conocer el cielo en la tierra. Los profetas anunciaron un momento en que la salvación, la justicia, la paz, el gozo, la alegría y la redención llegarán a Israel y al mundo. Jerusalén (Sión) será restaurada y convertida en la morada de Dios. Las naciones paganas se llegarán al Dios de Israel y le adorarán. Será un tiempo en que se constituirá una alianza eterna (nuevo pacto). Los planes de Dios son para un tiempo en el que las cosas viejas (lo antiguo) desaparecerán y vendrá la primavera con sus novedades. Habrá un derramamiento del Espíritu Santo y las aguas vivas de Jerusalén fluirán a las naciones.

Es hora de que el pueblo de Dios se apropie del plan divino y ore —y trabaje— con diligencia para ver el cumplimiento de los planes de Dios con su Iglesia. Dios nos ha dado un mandato claro de lo que deberíamos estar haciendo. Él dice:

> Si mi pueblo, que lleva mi nombre, se humilla y ora, y me busca y abandona su mala conducta, yo lo escucharé desde el cielo, perdonaré su pecado y restauraré su tierra.
>
> —2 Crónicas 7:14

He escrito este libro para que usted pueda comprender perfectamente lo que es el plan de Dios para su Iglesia, para esta tierra. Espero que a medida que lo lea, su corazón se agite con un anhelo por cumplir los planes de Dios para revelar el cielo en la tierra. Llénese con la esperanza de ver una tierra llena de su justicia. Vea cómo el plan de Dios se revela en las páginas de los Evangelios. Anímese y acepte el reto de orar con diligencia para que el plan de Dios —el Reino de Dios, el cielo— se establezca en la tierra *ahora*.

En la segunda sección de esta obra hallará cientos de oraciones y decretos que le ayudarán a mantener su mente y su corazón enfocados en el plan de Dios.

Emplee las palabras de Isaías al hacer un llamado a otros: "Se extenderán su soberanía y su paz, y no tendrán fin. Gobernará sobre el trono de David y sobre su reino, para establecerlo y sostenerlo con justicia y rectitud desde ahora y para siempre. Esto lo llevará a cabo el celo del Señor Todopoderoso" (Isaías 9:7).

SECCIÓN 1

ENTENDER EL PLAN DE DIOS

Capítulo 1

EL PLAN DE DIOS PARA UN REINO

CUANDO EL REINO de Dios se establezca en la tierra, el tabernáculo de David será reconstruido, las naciones vendrán a este y se presentarán ante el rey. El justo florecerá y la tierra será llena del conocimiento del Señor. Dios planea llevar a cabo todo eso a través del Rey Mesías, su Hijo, Jesucristo.

En los tiempos bíblicos, los profetas vieron la venida del reino como un momento de gran alegría y regocijo. Ellos profetizaron que los rescatados por el Señor serían coronados de gozo eterno y que se llenarían de regocijo y alegría (Isaías 35:10; 51:11). Sión sería la alegría de muchas generaciones (Isaías 60:15). Aquellos que creyeran en el evangelio recibirían óleo de alegría (Isaías 61:1–3) y gozo eterno (v. 7).

El Señor causaría regocijo para llenar a Jerusalén y a su pueblo de alegría (Isaías 65:19). Esto indica un nuevo pacto para Jerusalén y la Iglesia (Hebreos 12:22). Las naciones se alegrarán y cantarán de alegría debido al gobierno del

Mesías (Salmo 67:4). El monte de Sión (la Iglesia) se regocijará (Salmo 48:11).

Israel nunca ha experimentado paz terrenal por un prolongado lapso de tiempo. La paz que desea sólo vendrá a través del Mesías y será espiritual. La paz que Israel necesita estaba oculta a sus ojos, por lo que se profetizó que iban a experimentar una invasión romana (Lucas 19:41-44). Estaban buscando una paz terrenal y perdieron la paz espiritual que viene por medio de Cristo. *Paz* es la palabra hebrea *shalom*, que significa "prosperidad, salud e integridad".

Jesús es el Príncipe de paz (Isaías 9:6). Lo dilatado de su imperio y su paz no tendrá fin (v. 7). El evangelio es llamado el *evangelio de la paz* (Romanos 10:15). El cumplimiento del Reino de Dios comenzó en las naciones debido a la predicación del evangelio. Actualmente la predicación del evangelio está en marcha y, como creyentes, podemos ayudar en el plan del Reino de Dios a través de nuestras oraciones. Los que predican el evangelio anuncian la paz, que es parte del plan de Dios para su reino (Isaías 52:7; Nahum 1:15). El nuevo pacto es de paz (Isaías 54:10; Ezequiel 34:25; 37:26), por lo que las oraciones de los creyentes cumplen el plan divino y extienden la paz de Dios.

Los profetas hablaron de la venida del reino en términos de paz. El rey traería la paz al pueblo (Salmo 72:3), y los justos tienen abundancia de paz (v. 7). El Señor ordena la paz para su pueblo (Isaías 26:12). El efecto de la justicia sería paz (Isaías 32:17). El reino de la paz vendría a través del sufrimiento del Mesías. El castigo de nuestra paz fue sobre Él (Isaías 53:5). Esto nos permite ir a otros con la paz (Isaías

55:12). Dios extenderá su paz como un río (Isaías 66:12). Él hablaba de paz a los paganos (Zacarías 9:10).

Es el plan de Dios que la justicia impere en su reino. El Antiguo Testamento está lleno de referencias a la justicia del reino. En el Nuevo Testamento, nos enteramos de que somos hechos justicia de Dios en Cristo (2 Corintios 5:21). Él es nuestra justicia (1 Corintios 1:30). Israel no puede alcanzar la justicia a través de la ley. La justicia viene por la fe y el nuevo pacto. Hoy, como creyentes en Cristo y su justicia, estamos viviendo en el reino. El cristiano —el nuevo hombre— es creado en justicia y verdadera santidad (Efesios 4:24). Sin embargo, todavía no hemos experimentado un mundo lleno de paz y justicia. Nuestro mundo está lleno de maldad e impiedad, y como pueblo de Dios es muy importante que acrecentemos nuestras oraciones para que el plan de Dios sea plenamente experimentado en la tierra.

Capítulo 2

EL PLAN DE DIOS PARA REVELAR EL CIELO EN LA TIERRA

EL ANUNCIO DE la cercanía del reino era el aviso de la venidera justicia del reino. Esta justicia vendría a través del evangelio (Romanos 1:17). La justicia del reino no podía venir a través de la ley, sino por la fe en el Mesías. El plan de Dios no se llevará a cabo a través de cosas ordinarias (como comida y bebida). Su plan es para un reino espiritual, uno que está lleno de su justicia.

Los judíos estaban en busca de un reino terrenal, por lo que menospreciaron la justicia que viene por la fe. Muchos han perdido el reino y la justicia que viene por la fe en el evangelio. Hoy, muchas personas —incluidos cristianos— aún no están viendo el plan de Dios cumplido porque están buscando soluciones de carácter terrenal en el reino espiritual de Dios. Debemos fortalecer nuestra fe en el poder de

Dios para marcar el comienzo de su reino y orar con diligencia para que su plan sea extendido.

Los profetas hablaron de la venidera justicia del reino. El reino está relacionado con el evangelio (Isaías 52:7). La justicia de Dios vendría a Israel y a las naciones a través del evangelio. Muchos en Israel se perdieron del reino, ya que no obedecieron al evangelio (Romanos 10:15–16). Ellos no se sujetaron al evangelio. No se sujetaron a la justicia de Dios (v. 3). Se convirtieron en enemigos del evangelio y, por lo tanto, enemigos del reino (Romanos 11:28; 1 Tesalonicenses 2:14–16).

Hoy en día hay que orar fervientemente para que la justicia llegue a nuestros hogares, comunidades, nuestra nación y nuestro mundo. Debemos orar para que los planes de Dios y su voluntad no cesen por causa de la desobediencia generalizada de este mundo. Ore para que la justicia de Dios llegue a las naciones del mundo y a los hogares de todas las personas en todo el mundo.

Aprendemos en Isaías 32:17 que la obra de la justicia se demostrará con la paz (*shalom*) y que la justicia traerá tranquilidad y confianza. Cuando oremos con tranquilidad y confianza para que esto ocurra hoy, nuestras oraciones deben incluir las siguientes características del plan de Dios:

* La justicia será revelada (Isaías 56:1).
* Los santos serán llamados árboles de justicia (Isaías 61:3).
* La justicia y la alabanza florecerán entre las naciones (Isaías 61:11).
* El Mesías traerá justicia perdurable (Daniel 9:24).

- El nuevo hombre —los nuevos creyentes— será creado en justicia (Efesios 4:24).
- El nuevo pacto será administrado con justicia (2 Corintios 3:9).
- El cetro del reino será la justicia (Hebreos 1:8).
- El justo florecerá en el día del Mesías (el reino, Salmo 72:7).

¡Qué maravilloso será cuando los planes de Dios para su reino puedan penetrar todos los rincones de este mundo. La Biblia nos dice que "[los justos] serán el retoño plantado por mí mismo en la tierra" (Isaías 60:21). ¿Puede imaginarse el momento en que Estados Unidos este saturado de creyentes justos "plantados" a lo largo de sus regiones de modo que toda nuestra nación sea conocida en todo el mundo de hoy como una tierra de justos?

Lamentablemente, hoy Estados Unidos es reconocido en todo el mundo como una nación que se ha apartado de los fundamentos de la justicia. En lugar de que esta haya llenado nuestras calles, tenemos rebeldía contra Dios, maldad y pecado, lo cual está aterrorizando a los pueblos de la nación. Los pueblos de la Unión deben ser reconocidos como plantíos del Señor, debemos orar para que Dios tenga misericordia de nuestra rebeldía y nuestro pecado de forma que nos llame al arrepentimiento. Estados Unidos debe volver a los fundamentos piadosos sobre los cuales fueron fundados en sus principios. Cuando lea estas páginas, comprométase a orar con diligencia para que los planes de Dios se cumplan en esta nación y en todo el mundo de modo que el Reino de Dios pueda ser establecido.

Sólo nos convertiremos en plantío del Señor al depositar nuestra fe y confianza en el evangelio (Isaías 61:1–3). Un reino terrenal requiere una tierra material, no así el reino espiritual. Debemos reconocer que estamos orando por un reino espiritual. La Biblia nos dice que Abraham no estaba buscando una tierra material, sino una patria celestial (Hebreos 11:14–16). Tenemos que buscar una nación estadounidense celestial hoy.

El plan de Dios es llenar este mundo con su justicia. El Antiguo Testamento está lleno de referencias a la justicia del reino. Somos hechos justicia de Dios en Cristo (2 Corintios 5:21). Cristo es nuestra justicia (1 Corintios 1:30). Israel no puede alcanzar la justicia a través de la ley. La justicia viene por la fe y el nuevo pacto. Ahora estamos viviendo en el reino y bajo el nuevo pacto.

Cuando ore, agradezca a Dios que ha cumplido su plan por medio de Cristo, su Hijo. Incluya las siguientes promesas en sus oraciones.

ORACIONES

Señor, oramos para que "todos los poderosos
de la tierra… vengan y anuncien tu justicia;
al pueblo que aún no ha nacido, anuncien
que él hizo esto" (Salmo 22:29, 31, RV95).

Señor, soy capaz de decir: "En medio de la
gran asamblea he dado a conocer tu justicia.
Tú bien sabes, Señor, que no he sellado
mis labios. No escondo tu justicia en mi
corazón, sino que proclamo tu fidelidad y tu
salvación. No oculto en la gran asamblea tu
gran amor y tu verdad" (Salmo 40:9–10).

Señor, "el cielo proclama la justicia divina:
¡Dios mismo es el juez!" (Salmo 50:6).

Padre, "todo el día proclamará mi boca tu
justicia y tu salvación, aunque es algo que no
alcanzo a descifrar. Soberano Señor, relataré
tus obras poderosas, y haré memoria de tu
justicia, tu justicia solamente" (Salmo 71:15–16).

"Oh Dios, tú has hecho grandes cosas;
tu justicia llega a las alturas. ¿Quién
como tú oh Dios?" (Salmo 71:19).

Padre, te ruego que la oración de Salomón sea
establecida en nuestra nación hoy:
"Oh Dios, otorga tu justicia al rey, tu rectitud
al príncipe heredero. Juzgará con rectitud a los
pueblos y hará justicia a tus pobres... El rey hará
justicia a los pobres del pueblo y salvará a los
necesitados ¡él aplastará a los opresores!...
Que en su día florezca la justicia, y que haya gran
prosperidad, hasta que la luna deje de existir.
Que domine el rey de mar a mar" (Salmo 72:1–8).

Señor, oro continuamente por nuestro
país, hasta que este refleje tu Palabra, que
promete: "El amor y la verdad se encontrarán;
se besarán la paz y la justicia. De la tierra
brotará la verdad, y desde el cielo se asomará
la justicia... La justicia será su heraldo y le
preparará el camino" (Salmo 85:10–11, 13).

Padre, "dichosos los que saben aclamarte...
y caminan a la luz de tu presencia; los que
todo el día se alegran en tu nombre y se
regocijan en tu justicia" (Salmo 89:15–17).

Padre, escucha nuestras oraciones por las naciones,
que "el Señor no rechazará a su pueblo; no
dejará a su herencia en el abandono. El juicio
volverá a basarse en la justicia, y todos los rectos
de corazón lo seguirán" (Salmo 94:14–15).

"¡El Señor es rey! ¡Regocíjese la tierra!
¡Alégrense las costas más remotas! Los cielos
proclaman su justicia, y todos los pueblos
contemplan su gloria" (Salmo 97:1, 6).

Señor, te alabamos porque tu Palabra ha
prometido: "El Señor ha hecho gala de
su triunfo; ha mostrado su justicia a las
naciones. Se ha acordado de su amor y de
su fidelidad por el pueblo de Israel; ¡todos
los confines de la tierra son testigos de la
salvación de nuestro Dios!" (Salmo 98:2–3).

Padre, te alabo, porque: "El amor del
Señor es eterno y siempre está con los
que le temen; su justicia está con los
hijos de sus hijos" (Salmo 103:17).

Señor, con el salmista voy a declarar: "Alabaré
al Señor con todo el corazón en la asamblea, en
compañía de los rectos. Grandes son las obras del
Señor; estudiadas por los que en ellas se deleitan.
Gloriosas y majestuosas son sus obras; su justicia
permanece para siempre" (Salmo 111:1–3).

Padre, esta es la oración de mi corazón:
"Ábranme las puertas de la justicia para que
entre yo a dar gracias al Señor. Son las puertas
del Señor por las que entran los justos. Te
daré gracias, porque me respondiste; porque
eres mi salvación" (Salmo 118:19–21).

CAPÍTULO 3

EL PLAN DE DIOS SE REVELA POR EL EVANGELIO

EL REINO ES un misterio. La unión de los judíos y gentiles en la Iglesia es un misterio (Efesios 3:1-6). Se nos han dado a conocer los misterios del reino (Marcos 4:11). El plan de Dios era establecer su reino a través de la Iglesia; cuando esto se hace, el cielo se instituye en la tierra. La Iglesia da a conocer la multiforme sabiduría de Dios a los principados y potestades (Efesios 3:10). El reino fue el propósito eterno de Dios en Cristo (v. 11).

Jesucristo (el Ungido) es la clave para el cumplimiento de estas promesas del reino. Jesús fue ungido para anunciar el mensaje del reino y para establecerlo. Ahora estamos viviendo en los días del Mesías Rey. Podemos disfrutar de las bendiciones del reino y orar para que avance. Lo dilatado de su imperio (el reino) y la paz (*shalom*) no tendrá fin. El reino es de generación en generación. Nuestras oraciones y decretos contribuyen al avance del reino en nuestra generación y preparan el camino para las generaciones venideras.

El Reino de Dios está conectado al evangelio. Predicar el evangelio es anunciar el reino. Cuando Jesús anduvo en la tierra, proclamó: "Se ha cumplido el tiempo —decía—. El Reino de Dios está cerca. ¡Arrepiéntanse y crean las buenas nuevas!" (Marcos 1:15).

El evangelio constituye una declaración del Reino de Dios.

¡Qué hermosos son, sobre los montes, los pies del que trae buenas nuevas, del que proclama la paz, del que anuncia buenas noticias, del que proclama la salvación, del que dice a Sión: "Tu Dios reina!".

—Isaías 52:7

Es el plan de Dios regir sobre los paganos a través de la predicación del evangelio. "Dios reina sobre las naciones; Dios está sentado en su santo trono" (Salmo 47:8). El imperio de Dios es celestial, es un reino espiritual sobre las naciones. No es un reino físico o geográfico. No hay sustituto para la predicación del evangelio.

El del reino es el evangelio de la paz. Los enemigos del evangelio lo son del reino. Son también enemigos de la paz. Pero Dios ha proclamado: "¡Cuán hermosos son las pies de los que traen buenas nuevas! [¡Qué hermoso es recibir al mensajero que trae buenas nuevas!]" (Romanos 10:15).

El evangelio del reino es también el de Cristo. Predicar a Cristo es anunciar el reino. Presentar a Cristo es presentar al reino. El evangelio fue predicado a Abraham. A través de su simiente todas las familias de la tierra serán bendecidas.

Esto se cumple a través de Cristo y el evangelio. Y hoy, el plan de Dios es que las naciones serán justificadas por la fe en Jesucristo.

> La Escritura, habiendo previsto que Dios justificaría por la fe a las naciones, anunció de antemano el evangelio a Abraham: "Por medio de ti serán bendecidas todas las naciones".
>
> —GÁLATAS 3:8

El reino es un misterio, y así es el evangelio. Cuando oramos que los misterios de Dios sean revelados, estamos pidiendo que el misterio del reino sea revelado. El apóstol Pablo rogó:

> Oren también por mí para que, cuando hable, Dios me dé las palabras para dar a conocer con valor el misterio del evangelio.
>
> —EFESIOS 6:19

El plan de Dios —el Reino de Dios, expuesto en la tierra— se revela a través del evangelio:

> El Dios eterno ocultó su misterio durante largos siglos, pero ahora lo ha revelado por medio de los escritos proféticos, según su propio mandato, para que todas las naciones obedezcan a la fe. Al que puede fortalecerlos a ustedes conforme a mi evangelio y a la predicación acerca de Jesucristo.
>
> —ROMANOS 16:25–26

Oramos para que la palabra del Señor sea predicada con libertad.

Se trata de orar para que el reino siga adelante.

Por último, hermanos, oren por nosotros para que el mensaje del Señor se difunda rápidamente y se le reciba con honor, tal como sucedió entre ustedes.

—2 TESALONICENSES 3:1

Capítulo 4

EL PLAN DE DIOS PARA LOS GENTILES

E S EL PLAN de Dios que el Reino de Dios impere sobre los gentiles.

"Que domine el rey de mar a mar, desde el río Éufrates hasta los confines de la tierra" (Salmo 72:8).

Israel tenía la promesa de que las naciones serían sometidas por ellos. "¡Cuán imponente es el Señor Altísimo, el gran rey de toda la tierra! Sometió a nuestro dominio las naciones; puso a los pueblos bajo nuestros pies" (Salmo 47:2–3).

Este plan habría de llegar a través del Mesías. Muchos en Israel vieron esa promesa como un dominio físico sobre los gentiles. El gobierno sobre los gentiles por medio de Cristo se estaba cumpliendo en el primer siglo (Romanos 15:8–12). Se cumplía por medio de Cristo y la Iglesia. Los gentiles estaban entrando en el tabernáculo de David (Hechos 15:15–17). El tabernáculo de David estaba bajo el dominio de Cristo, el hijo de David. Sin embargo, tal dominio sobre los gentiles no era físico, era espiritual.

Las naciones estaban siendo conquistadas por medio del evangelio. El evangelio era primero para el judío. Las naciones habían de ser salvas a través del Mesías. Así que el dominio era espiritual. Las naciones estaban acogiéndose al reinado de Cristo en cumplimiento de Isaías 11:10. La gloria de Israel sería la salvación de los gentiles (Isaías 60).

Muchos en Israel perdieron esa gloria porque esperaban un reino terrenal en lugar de uno celestial. En vez de regocijarse con la salvación de las naciones, muchos en Israel se opusieron al evangelio. Las naciones estaban siendo sometidas a Israel a través de su Mesías, sin embargo, muchos se perdieron porque estaban buscando un reino que fuese proclamado (Lucas 17:20–21). Los gentiles estaban sometiéndose al reino por medio del evangelio.

Israel nunca conquistó a sus enemigos durante un periodo prolongado de tiempo. Por lo general, estaban bajo dominio gentil. La conquista militar no sería el cumplimiento de las promesas de dominio. Cristo conquista a las naciones a través del evangelio de la paz. El reino no se expande a través de la espada, sino de la predicación.

Cristo conquistó a los enemigos del reino y hay referencias de esa batalla en el Libro de Apocalipsis. Los enemigos del reino eran los de la generación del primer siglo, que se opusieron al evangelio y persiguieron a la Iglesia. Cristo conquistó a las naciones a través del evangelio y sometió a sus enemigos mediante juicio.

Las siguientes promesas del antiguo pacto se cumplieron en Cristo:

Se acordarán del Señor y se volverán a él todos los confines de la tierra; ante él se postrarán todas las familias de las naciones, porque del Señor es el reino; él gobierna sobre las naciones.

—Salmo 22:27–28

Te alabaré, Señor, entre los pueblos, te cantaré Salmo entre las naciones.

—Salmo 57:9

Para que se conozcan en la tierra sus caminos, y entre todas las naciones su salvación.

—Salmo 67:2

Alégrense y canten con júbilo las naciones, porque tú las gobiernas con rectitud; ¡tú guías a las naciones de la tierra! *Selah*

—Salmo 67:4

Que ante él se inclinen todos los reyes; ¡que le sirvan todas las naciones!

—Salmo 72:11

Que en su nombre las naciones... lo proclamen dichoso.

—Salmo 72:17

Levántate, oh Dios, y juzga a la tierra, pues tuyas son todas las naciones.

—Salmo 82:8

Todas las naciones... glorificarán tu nombre.

—Salmo 86:9

Te alabaré, Señor, entre los pueblos; te cantaré Salmo entre las naciones.

—Salmo 108:3

¡Alaben al Señor, naciones todas! ¡Pueblos todos, cántenle alabanzas!

—Salmo 117:1

Estas escrituras nunca pueden ser completamente cumplidas bajo el antiguo pacto. Los paganos (naciones) andaban en la oscuridad. Ellos fueron separados: "recuerden que en ese entonces ustedes estaban separados de Cristo, excluidos de la ciudadanía de Israel y ajenos a los pactos de la promesa, sin esperanza y sin Dios en el mundo" (Efesios 2:12).

Estas escrituras sólo pueden ser cumplidas en Cristo, a través de la Iglesia, bajo el nuevo pacto, en la era del reino actual.

La alabanza y la adoración entre las naciones son la manifestación del reino. Los gentiles glorificarían a Dios por su misericordia.

Y que los gentiles glorifiquen a Dios por su misericordia, como está escrito:

"Y para que los gentiles glorifiquen a Dios por su compasión, como está escrito:

Por eso te alabaré entre las naciones; cantaré
Salmo a tu nombre.

En otro pasaje dice:

Alégrense, naciones, con el pueblo de Dios.

Y en otra parte:

¡Alaben al Señor, naciones todas!
¡Pueblos todos, cántenle alabanzas!

A su vez, Isaías afirma:

Brotará la raíz de Isaí,
el que se levantará para gobernar a las naciones;
en él los pueblos pondrán su esperanza".

—ROMANOS 15:9–12

Pablo cita el Salmo 117 e Isaías 11 como cumplimiento de la profecía en Cristo y la Iglesia. La misericordia de Dios sobre Israel, a través de Cristo, dio lugar a la salvación de las naciones gentiles. El evangelio llegó primero al judío. Muchos judíos respondieron y se salvaron. Los gentiles también respondieron al evangelio, por eso ambos se hicieron uno en Cristo. La adoración ya no está conectada a la Jerusalén terrenal, sino que se realiza en Espíritu y en verdad (Juan 4:21–24).

El espíritu de Jehová, el Señor, está sobre mí, porque me ha ungido Jehová. Me ha enviado a predicar buenas noticias a los pobres, a vendar a los quebrantados de corazón, a publicar libertad a los cautivos y a los prisioneros apertura de la cárcel; a proclamar el año de la buena voluntad de Jehová y el día de la venganza del Dios nuestro; a consolar a todos los que están de luto; a ordenar que a los afligidos de Sión se les dé esplendor en lugar de ceniza, aceite de gozo en lugar de luto, manto de alegría en lugar del espíritu angustiado. Serán llamados "Árboles de justicia", "Plantío de Jehová", para gloria suya.

—Isaías 61:1–3, RV95

"Este es mi siervo, yo lo sostendré; mi escogido, en quien mi alma tiene contentamiento. He puesto sobre él mi espíritu; él traerá justicia a las naciones. No gritará, no alzará su voz ni la hará oír en las calles. No quebrará la caña cascada ni apagará el pábilo que se extingue: por medio de la verdad traerá la justicia. No se cansará ni desmayará, hasta que establezca en la tierra la justicia. Las costas esperarán su ley".

—Isaías 42:1–4, RV95

El reino no se presentaría con advertencia (Lucas 17:20). Muchos en Israel buscaban un reino terrenal. Se sintieron decepcionados y muchos rechazaron a Cristo, porque no era un rey terrenal. Jesús dijo que su reino no era de este mundo. Que no es comida ni bebida, sino justicia, paz y gozo en el Espíritu Santo (Romanos 14:17). El reino es espiritual y celestial.

Jesús le dijo a Nicodemo que era necesario nacer de nuevo para ver el reino (Juan 3:3). En otras palabras, la entrada al reino no es por nacimiento físico o por genealogía. La descendencia física de Abraham no daba derecho a entrar en el reino. El reino es espiritual y sólo se puede entrar a él mediante el nacimiento espiritual.

El lenguaje de los profetas es poético y figurado. A los cielos, la tierra, los mares, los árboles y las olas se les ordenan alabar al Señor. Estas palabras figuradas se utilizan para describir a las naciones y a los pueblos. Dios usa símbolos y figuras naturales para describir las realidades espirituales. Los tipos y los símbolos del antiguo pacto son la realidad actual para el creyente del nuevo pacto. La justicia, la paz y el gozo del reino se encuentran en Cristo y su Iglesia.

El Reino de Dios está dentro de nosotros (Lucas 17:21). El reino es Cristo en nosotros. No se puede separar a Cristo y su reino. Ezequiel vio un río fluyendo desde el templo y saltando en nuestro vientre como ríos de agua viva. El reino es como un río, que corre desde Sión a las naciones. Dondequiera que va el río, lleva sanidad (Ezequiel 47).

Uno de los problemas que tenemos para comprender "el Reino de Dios" es que pensamos en un reino como un espacio de terreno con ciertos límites. Pensamos en un lugar. Pero en los días antiguos los reyes extendían su *reino* hasta donde podían ejercer su poder. No había límites fijos. Las fronteras eran flexibles y ocurrían constantes cambios. La gente, por lo tanto, pensaba en términos de autoridad real. El *reino* era el ámbito en el que cada gobernante regía, independientemente de las fronteras. Era algo similar al caso del jefe beduino que es rey sobre su pueblo, dondequiera que viajen a través de los desiertos. Cualquiera que sea el lugar en que esté, y en el que ejerza su poder, independientemente de su ubicación, él es el rey. Así que, si sus hombres le rodean en el desierto porque usted tiene la oportunidad de estar donde ellos están, usted está en su *reino* y bajo la autoridad real de él. Y el año que viene, o incluso meses después, el mismo lugar físico puede estar bajo el imperio real de un jefe beduino de otra tribu, aun cuando su rey esté a un centenar de kilómetros de distancia de haber tomado su *reino* consigo. Ellos gobiernan sobre el pueblo, no sobre la tierra. La palabra *basileia*, por lo tanto, significa "gobierno real" en vez de "reino" y apunta a la sumisión a un rey.*

El reino es un momento en que las naciones vendrán a Sión y adorarán. No hemos venido a la Sión terrenal sino a la celestial. Los profetas están llenos de referencias a las naciones (gentiles) que vienen a adorar. Eso no trata de una nación política o geográfica, sino de grupos de personas que son salvas y vienen a adorar. Esto ha estado sucediendo durante los últimos dos milenios y está ocurriendo hoy.

> Por el contrario, ustedes se han acercado al monte Sion, a la Jerusalén celestial, la ciudad del Dios viviente. Se han acercado a millares y millares de ángeles, a una asamblea gozosa.
>
> —HEBREOS 12:22

---

* Angelfire.com, "El Reino de Dios en el Nuevo Testamento", http://www.angelfire.com/planet/lifetruth/kingdomnew.html (consultado el 26 de marzo de 2010).

Hemos venido a Sión, y estamos orando para que otros vengan ahora y en las generaciones venideras. El reino no es el geográfico (físico), es allí donde los hombres presentan sus corazones ante la autoridad del rey. Cuando esto se haga así, el cielo se dará a conocer en la tierra.

ORACIONES Y DECRETOS PARA QUE EL PLAN DE DIOS SE CUMPLA

Señor, la vara de gobernante viene de
Judá y, cuando vengas a revelarte como
Mesías, las naciones se reunirán ante
ti en obediencia (Génesis 49:10).

Señor, tu reino en más alto que el de Agag (el
reino de los gentiles) y tu reino es exaltado
por encima de los demás (Números 24:7).

Señor, eres la estrella que salió de Jacob, y
aplastarás la frente de Moab (enemigos
simbólicos de Cristo y su Iglesia) y
derrumbarás a todos los hijos de Set (tumulto
de los hijos de Moab) (Números 24:17).

Señor, has sido establecido sobre el santo
monte de Sión y regirás en medio de
tus enemigos (Salmo 2:6; 110:2).

Señor, las naciones son tu herencia y tuyos
los confines de la tierra (Salmo 2:8).

Quebranta las naciones con puño
de hierro (Salmo 2:9).

Permite que los reyes y los jueces de la
tierra sean prudentes; que sirvan al Señor
con temor reverente; que con temblor le
rindan alabanza (Salmo 2:10–11).

Me acostaré y dormiré porque tú,
Señor, me sostienes (Salmo 3:5).

Señor, tu bendición está sobre mi vida
(Salmo 3:8).

Deja que las naciones ofrezcan sacrificios de
justicia y confíen en el Señor (Salmo 4:5).

Me acostaré y dormiré en paz, porque tú solo,
Señor, me haces vivir confiado (Salmo 4:8).

Escucha mis súplicas, rey mío y Dios mío,
porque a ti elevo mi plegaria (Salmo 5:2).

Por la mañana, Señor, escuchas mi clamor; por
la mañana te presento mis ruegos, y quedo
a la espera de tu respuesta (Salmo 5:3).

Pero a mí me quieres tanto que me dejas
entrar en tu templo, y allí me dejas
hacer mis oraciones (Salmo 5:7, TLA).

Señor, por causa de mis enemigos,
dirígeme en tu justicia; empareja
delante de mí tu senda (Salmo 5:8).

Señor, me has bendecido y me has
rodeado con tu favor (Salmo 5:12).

Señor, has escuchado mis ruegos; has
tomado en cuenta mi oración (Salmo 6:9).

Mi defensa eres tú, Dios, que salva a
los de corazón recto (Salmo 7:10).

Señor, nos diste plena autoridad sobre todo
lo que hiciste; nos diste dominio sobre toda
tu creación: sobre ovejas y vacas, sobre
animales salvajes, sobre aves y peces, ¡sobre
todo lo que se mueve en lo profundo del
mar! Nuestro Dios y nuestro rey, ¡qué grande
eres en toda la tierra! (Salmo 8:6–9, TLA).

Señor, reina por siempre; para emitir juicio
has establecido tu trono (Salmo 9:7).

Habito en Sión y cantaré sus proezas
entre las naciones (Salmo 9:11).

Una vez me sacaste de las puertas de la muerte,
por eso escribiré un libro sobre alabanzas;
en las esquinas de las calles me reuniré, seré
el cantante principal y llenaré el aire con
canciones de salvación (Salmo 9:13–14).

Infúndeles terror, Señor; ¡que los pueblos sepan
que son simples mortales! (Salmo 9:20).

¡Levántate, Señor! ¡Levanta, oh Dios, tu brazo!
¡No te olvides de los indefensos! (Salmo 10:12).

Tú, Dios mío, reinas para siempre… a
los que no te reconocen los echarás
de su país (Salmo 10:16, TLA).

¡Voy a cantarte himnos porque has sido
bueno conmigo! (Salmo 13:6, TLA).

Dios tu salvación ha venido de Sión y has
traído a tu pueblo de la esclavitud. Me
gozaré y me alegraré (Salmo 14:7).

Habitaré en tu santuario y viviré en tu
santo monte, jamás caeré (Salmo 15:1, 5).

Tú eres mi Dios, eres todo lo que tengo;
tú llenas mi vida y me das seguridad.
Gracias a ti, la herencia que me tocó es una
tierra muy bella (Salmo 16:5–6, TLA).

Me has dado a conocer la senda de la vida;
me llenarás de alegría en tu presencia, y de
dicha eterna a tu derecha (Salmo 16:11).

Señor, mis pasos se han mantenido
firmes en tus senderos [en la senda
de Aquel que lo hizo primero]. No han
resbalado mis pies (Salmo 17:5, BLDA).

Guárdame como a la niña de tus ojos; escóndeme
a la sombra de tus alas (Salmo 17:8, BLDA).

Tú, Señor, mantienes mi lámpara encendida; tú,
Dios mío, iluminas mis tinieblas (Salmo 18:28).

Señor, con tu apoyo me lanzaré contra
un ejército; contigo, Dios mío, podré
asaltar murallas (Salmo 18:29).

Señor, tú eres quien me arma de valor y
endereza mi camino (Salmo 18:32).

Señor, tú me cubres con el escudo de tu
salvación, y con tu diestra me sostienes; tu
bondad me ha hecho prosperar (Salmo 18:35).

Señor, me has despejado el camino, así que
mis tobillos no flaquean (Salmo 18:36).

Apenas oyen de ti, se someten a ti (Salmo 18:44).

Señor, los cielos cuentan la gloria de Dios,
el firmamento proclama la obra de sus
manos. Por toda la tierra se difundió su
voz, ¡sus palabras llegan hasta los confines
del mundo! (Salmo 19:1; Romanos 10:18).

¡Concede, Señor, la victoria al rey!
¡Respóndenos cuando te llamemos!
(Salmo 20:9).

¡Dios mío, muestra tu gran poder,
y cantaremos himnos por tus grandes
victorias! (Salmo 21:13, TLA).

Pero tú eres santo, tú eres rey,
¡tú eres la alabanza de Israel! (Salmo 22:3).

Señor, Dios mío, desde países lejanos,
todas las tribus y naciones se acordarán de ti
y vendrán a adorarte. Tú eres rey y gobiernas
a todas las naciones (Salmo 22:27–28, TLA).

Ciertamente, el bien y la misericordia me
seguirán todos los días de mi vida, y en la casa
de Jehová moraré por largos días (Salmo 23:6).

Señor, las puertas eternas se han abierto para
ti, y tú eres el Rey de la gloria (Salmo 24:7–10).

Señor, hazme conocer tus caminos;
muéstrame tus sendas. Encamíname
en tu verdad, ¡enséñame! Tú eres mi
Dios y Salvador (Salmo 25:4–5).

Él dirige en la justicia a los humildes,
y les enseña su camino (Salmo 25:9).

El Señor brinda su amistad a quienes le honran,
y les da a conocer su pacto (Salmo 25:14).

Señor eres mi luz y mi salvación;
¿a quién temeré? Eres el baluarte de mi vida;
¿quién podrá amedrentarme? (Salmo 27:1).

Una sola cosa le pido al Señor, y es lo único que
persigo: habitar en la casa del Señor todos los
días de mi vida, para contemplar la hermosura
del Señor y recrearme en su templo (Salmo 27:4).

Señor, eres mi fuerza y mi escudo; mi corazón en
ti confía; de ti recibo ayuda. Mi corazón salta de
alegría, y con cánticos te daré gracias (Salmo 28:7).

Señor, tu voz resuena potente; resuena
majestuosa (Salmo 29:4).

Tu voz, Señor, desgaja los cedros, los
cedros del Líbano (Salmo 29:5).

La voz del Señor lanza ráfagas
de fuego (Salmo 29:7).

Tu voz, Señor, estremece al desierto (Salmo 29:8).

La voz de Dios retuerce los robles y deja sin
árboles los bosques (Salmo 29:9, TLA).

Tú cambiaste mi tristeza y la convertiste
en baile. Me quitaste la ropa de luto y me
pusiste ropa de fiesta (Salmo 30:11).

Bendito sea el Señor, pues mostró su
gran amor por mí cuando me hallaba
en una ciudad sitiada (Salmo 31:21).

Mis transgresiones son perdonadas, borrados
mis pecados. Dichoso soy, no me es
imputada falta alguna (Salmo 32:1–2).

Tú me rodearás con cánticos de
liberación (Salmo 32:7).

Tema toda la tierra al Señor; hónrenlo todos
los pueblos del mundo (Salmo 33:8).

Dichosa la nación cuyo Dios es el Señor, el
pueblo que escogió por su heredad. Pero ustedes
son linaje escogido, real sacerdocio, nación
santa [la Iglesia] (Salmo 33:12; 1 Pedro 2:9).

¡Cuán precioso, oh Dios, es tu gran amor!
Todo ser humano halla refugio a la sombra
de tus alas. Se sacian de la abundancia de
tu casa; les das a beber de tu río de deleites.
Porque en ti está la fuente de la vida, y en
tu luz podemos ver la luz (Salmo 36:7–9).

Me deleito en el Señor, y él me concede
los deseos de mi corazón (Salmo 37:4).

Los desposeídos heredarán la tierra y
disfrutarán de gran bienestar (Salmo 37:11).

Señor, en tiempos difíciles seré
prosperados; en épocas de hambre
tendré abundancia (Salmo 37:19).

Yo espero en el Señor, y vivo según su voluntad, él
me exaltará para que herede la tierra (Salmo 37:34).

Señor, pusiste en mis labios un cántico nuevo, un
himno de alabanza a nuestro Dios (Salmo 40:3).

Señor, iré con la multitud a la casa de
Dios. Entre voces de alegría y acciones
de gracias celebraremos (Salmo 42:4).

Señor, envía tu luz y tu verdad; que ellas
me guíen a tu monte santo, que me lleven
al lugar donde tú habitas (Salmo 43:3).

Llegaré entonces al altar de Dios, del Dios
de mi alegría y mi deleite, y allí, oh Dios, mi
Dios, te alabaré al son del arpa (Salms 43:4).

Tu trono, oh Dios, permanece para
siempre; el cetro de tu reino es un
cetro de justicia (Salmo 45:6).

Hay un río cuyas corrientes alegran la ciudad de
Dios, la santa habitación del Altísimo (Salmo 46:4).

Señor, reconozco que yo eres Dios. ¡Te
exalto entre las naciones! ¡Eres enaltecido
en la tierra! (Salmo 46:10).

¡Cuán imponente es el Señor Altísimo, el
gran rey de toda la tierra! Sometió a nuestro
dominio las naciones; puso a los pueblos
bajo nuestros pies (Salms 47:2–3).

Escogió para nosotros una heredad que es el
orgullo de Jacob, a quien amó (Salmo 47:4).

Dios es el rey de toda la tierra; por eso,
cántenle un salmo solemne (Salmo 47:7).

Dios reina sobre las naciones; Dios está
sentado en su santo trono (Salmo 47:8).

Los nobles de los pueblos se reúnen con el
pueblo del Dios de Abraham (Salmo 47:9).

Grande es el Señor, y digno de suprema
alabanza en la ciudad de nuestro Dios.
Su monte santo (Salmo 48:1).

¡Él la [Sión] hará permanecer para
siempre! (Salmo 48:8).

Por causa de tus justas decisiones el
monte Sión se alegra y las aldeas de
Judá se regocijan (Salmo 48:11).

Oigan esto, pueblos todos; escuchen, habitantes
todos del mundo. Mi boca hablará con sabiduría;
mi corazón se expresará con inteligencia. Inclinaré
mi oído a los proverbios (Salmo 49:1–4).

Habla el Señor, el Dios de dioses: convoca
a la tierra de oriente a occidente. Dios
resplandece desde Sión, la ciudad
bella y perfecta (Salmo 50:1–2).

Abre, Señor, mis labios, y mi boca
proclamará tu alabanza (Salmo 51:15).

En tu buena voluntad, haz que prospere
Sión [la Iglesia]; levanta los muros
de Jerusalén (Salmo 51:18).

Pero yo soy como un olivo verde que florece en
la casa de Dios; yo confío en el gran amor de
Dios eternamente y para siempre (Salmo 52:8).

¡Quiera Dios que de Sión venga la
salvación para Israel! Cuando Dios
restaure a su pueblo, se regocijará Jacob;
se alegrará todo Israel (Salmo 53:6).

Te presentaré una ofrenda voluntaria y alabaré,
Señor, tu buen nombre (Salmo 54:6).

Encomiendo al Señor mis cargas, y
él me sostendrá; no permitirá que
el justo caiga (Salmo 55:22).

Confío en Dios y alabo su palabra;
confío en el Señor y alabo su palabra;
confío en Dios y no siento miedo.
¿Qué puede hacerme un simple
mortal? (Salmo 56:10–11).

Te alabaré, Señor, entre los pueblos, te cantaré
Salmo entre las naciones. Pues tu amor es
tan grande que llega a los cielos; ¡tu verdad
llega hasta el firmamento! (Salmo 57:9–10).

¡Tú, oh Dios, estás sobre los cielos; tu gloria
cubre toda la tierra! (Salmo 57:11).

Pero yo le cantaré a tu poder, y por la mañana
alabaré tu amor; porque tú eres mi protector, mi
refugio en momentos de angustia (Salmo 59:16).

Señor, da a tus fieles la señal de retirada, para que
puedan escapar de los arqueros (Salmo 60:4).

Con Dios obtendremos la victoria; ¡él pisoteará
a nuestros enemigos! (Salmo 60:12).

Anhelo habitar en tu casa para siempre y
refugiarme debajo de tus alas (Salmo 61:4).

Una cosa ha dicho Dios: Que tú, oh
Dios, eres poderoso (Salmo 62:11).

Señor, te he visto en el santuario y he
contemplado tu poder y tu gloria (Salmo 63:2).

Señor, mi alma quedará satisfecha como
de un suculento banquete, y con labios
jubilosos te alabará mi boca (Salmo 63:5).

Escóndeme de esa pandilla de impíos, de
esa caterva de malhechores (Salmo 64:2).

Porque escuchas la oración. A ti
acude todo mortal (Salmo 65:2).

¡Dichoso aquel a quien tú escoges, al que
atraes a ti para que viva en tus atrios!
Saciémonos de los bienes de tu casa, de los
dones de tu santo templo (Salmo 65:4).

Respóndeme con imponentes obras
de justicia (Salmo 65:5).

Tú calmaste el rugido de los mares, el
estruendo de sus olas, y el tumulto
de los pueblos (Salmo 65:7).

Con tus cuidados fecundas la tierra, y la colmas
de abundancia. Los arroyos de Dios se llenan
de agua, para asegurarle trigo al pueblo. ¡Así
preparas el campo! Empapas los surcos, nivelas
sus terrones, reblandeces la tierra con las lluvias
y bendices sus renuevos (Salmo 65:9–10).

Tú coronas el año con tus bondades, y
tus carretas se desbordan de abundancia.
Rebosan los prados del desierto; las colinas
se visten de alegría (Salmo 65:11–12).

Pobladas de rebaños las praderas, y
cubiertos los valles de trigales, cantan y
lanzan voces de alegría (Salmo 65:13).

¡Aclamen alegres a Dios, habitantes
de toda la tierra! (Salmo 66:1).

Canten Salmo a su glorioso nombre; ¡ríndanle
gloriosas alabanzas! (Salmo 66:2).

Díganle a Dios: ¡Cuán imponentes son tus
obras! Es tan grande tu poder que tus enemigos
mismos se rinden ante ti (Salmo 66:3).

Toda la tierra se postra en tu presencia, y te cantan
Salmo; cantan Salmo a tu nombre (Salmo 66:4).

Señor, con tu poder gobiernas eternamente;
tus ojos vigilan a las naciones. ¡Que no se
levanten contra ti los rebeldes! (Salmo 66:7).

Señor, al fin nos has dado un respiro (Salmo 66:12).

Que se levante Dios, que sean dispersados
sus enemigos, que huyan de su presencia
los que le odian (Salmo 68:1).

Me alegraré y me regocijaré; estaré feliz
y alegre delante de Dios (Salmo 68:3).

Canten a Dios, canten Salmo a su
nombre; aclamen a quien cabalga por las
estepas, y regocíjense en su presencia. ¡Su
nombre es el SEÑOR! (Salmo 68:4).

Dios da un hogar a los desamparados
y libertad a los cautivos; los rebeldes
habitarán en el desierto (Salmo 68:6).

La tierra se estremeció, los cielos se vaciaron,
delante de Dios, el Dios de Sinaí, delante
de Dios, el Dios de Israel. Tú, oh Dios,
diste abundantes lluvias; reanimaste a tu
extenuada herencia (Salmo 68:8–9).

El Señor ha emitido palabra, y millares de
mensajeras la proclaman (Salmo 68:11).

Cántenle a Dios, oh reinos de la tierra,
cántenle Salmo al Señor (Salmo 68:32).

Porque Dios salvará a Sión y reconstruirá las
ciudades de Judá. Allí se establecerá el pueblo
y tomará posesión de la tierra (Salmo 69:35).

Yo heredaré Sión y viviré en ella porque
te amo Señor (Salmo 69:36).

En ti, Señor, me he refugiado; jamás me
dejes quedar en vergüenza. (Salmo 71:1).

Para muchos, soy motivo de asombro, pero tú
eres mi refugio inconmovible (Salmo 71:7).

Soberano Señor, relataré tus obras
poderosas, y haré memoria de tu justicia,
de tu justicia solamente (Salmo 71:16).

Acrecentarás mi honor y volverás
a consolarme (Salmo 71:21).

Brindarán los montes la paz [shalom] al pueblo,
y fruto de justicia las colinas (Salmo 72:3).

Señor, haz justicia a los pobres del pueblo
y salva a los hijos de los necesitados;
¡aplastará a los opresores! (Salmo 72:4).

Que viva el rey por mil generaciones, lo
mismo que el sol y que la luna (Salmo 72:5).

Que sea como la lluvia sobre un
campo sembrado, como las lluvias que
empapan la tierra (Salmo 72:6).

Que en sus días florezca la justicia, y
que haya gran prosperidad, hasta que
la luna deje de existir (Salmo 72:7).

Que domine el rey de mar a mar, desde el río
Éufrates hasta los confines de la tierra (Salmo 72:8).

Que se postren ante él las tribus del desierto; ¡que
muerdan el polvo sus enemigos! (Salmo 72:9).

Que los reyes de Sabá y de Seba le
traigan presentes (Salmo 72:10).

Que ante él se inclinen todos los reyes; ¡que
le sirvan todas las naciones! (Salmo 72:11).

Él librará al indigente que pide auxilio, y al pobre
que no tiene quien lo ayude. Se compadecerá del
desvalido y del necesitado, y a los menesterosos
les salvará la vida (Salmo 72:12–13).

Señor, que tu nombre perdure para siempre;
que tu fama permanezca como el sol. Que en tu
nombre las naciones se bendigan unas a otras; que
todas ellas te proclamen dichoso (Salmo 72:17).

Bendito sea por siempre su glorioso nombre; ¡que
toda la tierra se llene de su gloria! (Salmo 72:19).

Tú aplastaste las cabezas de Leviatán y lo diste por
comida a las jaurías del desierto (Salmo 74:14).

Señor, aniquilarás la altivez de todos los impíos,
y exaltarás el poder de los justos (Salmo 75:10).

Al que acaba con el valor de los
gobernantes, ¡al que es temido por los
reyes de la tierra! (Salmo 76:12).

Que lleguen a tu presencia los gemidos de
los cautivos, y por la fuerza de tu brazo salva
a los condenados a muerte (Salmo 79:11).

Los que aborrecen al Señor se rendirían ante él,
pero serían eternamente castigados (Salmo 81:15).

Que sepan que tú eres el Señor, que ése es
tu nombre; que sepan que sólo tú eres el
Altísimo sobre toda la tierra (Salmo 83:18).

Iré de fortaleza en fortaleza, y en Sión me
presentaré ante ti, Señor (Salmo 84:7).

Señor eres sol y escudo; Dios nos concede honor y
gloria. El Señor brinda generosamente su bondad
a los que se conducen sin tacha (Salmo 84:11).

Señor, tú has sido bondadoso con esta tierra tuya
al restaurar a Jacob; perdonaste la iniquidad de tu
pueblo y cubriste todos sus pecados (Salmo 85:1–2).

De la tierra brotará la verdad, y desde el
cielo se asomará la justicia (Salmo 85:11).

Todas las naciones que has creado
vendrán, Señor, y ante ti se postrarán y
glorificarán tu nombre (Salmo 86:9).

Dame una muestra de tu amor, para que
mis enemigos la vean y se avergüencen,
porque tú, Señor, me has brindado
ayuda y consuelo (Salmo 86:17).

El Señor ama las entradas de Sión más que a
todas las moradas de Jacob. De ti, ciudad de
Dios, se dicen cosas gloriosas (Salmo 87:2–3).

De Sión se dirá, en efecto: "Éste y aquél
nacieron en ella. El Altísimo mismo
la ha establecido" (Salmo 87:5).

Cólmame con muchos años de vida y
muéstrame tu salvación (Salmo 91:16).

Me has dado las fuerzas de un toro; me has
ungido con el mejor perfume (Salmo 92:10).

Como palmeras floreceré; como cedros
del Líbano creceré (Salmo 92:12).

Estoy plantado en la casa del Señor, florezco
en los atrios de nuestro Dios (Salmo 92:13).

Aun en mi vejez, daré frutos; siempre
estaré vigoroso y lozano (Salmo 92:14).

El Señor reina, revestido de esplendor; el SEÑOR
se ha revestido de grandeza y ha desplegado
su poder. Ha establecido el mundo con
firmeza; jamás será removido (Salmo 93:1).

Se levantan las aguas, Señor; pero el Señor, en
las alturas, se muestra más poderoso que el
estruendo de las muchas aguas (Salmo 93:3-4).

Cantaré al Señor una canción nueva; canten al
Señor, habitantes de toda la tierra (Salmo 96:1).

Cantemos al Señor, alabemos su nombre;
anunciemos día tras día su victoria (Salmo 96:2).

Declararé su gloria entre las naciones, sus
maravillas entre todos los pueblos (Salmo 96:3).

Tributen al Señor, pueblos todos, tributen al
Señor la gloria y el poder. Tributen al Señor
la gloria que merece su nombre; traigan sus
ofrendas y entren en sus atrios (Salmo 96:7–8).

Póstrense ante el Señor en la majestad
de su santuario; ¡tiemble delante de
él toda la tierra! (Salmo 96:9).

"¡El Señor es rey!" Ha establecido el mundo con
firmeza; jamás será removido (Salmo 96:10).

¡Alégrense los cielos, regocíjese la tierra! ¡Brame
el mar y todo lo que él contiene! (Salmo 96:11).

¡Canten alegres los campos y todo lo que
hay en ellos! ¡Canten jubilosos todos los
árboles del bosque! (Salmo 96:12).

¡El Señor es rey! ¡Regocíjese la tierra! ¡Alégrense
las costas más remotas! (Salmo 97:1).

Los cielos proclaman su justicia, y todos los
pueblos contemplan su gloria (Salmo 97:6).

Cantaré al Señor un cántico nuevo, porque
ha hecho maravillas (Salmo 98:1).

El Señor ha hecho gala de su triunfo; ha
mostrado su justicia a las naciones (Salmo 98:2).

¡Aclamen alegres al Señor, habitantes de
toda la tierra! ¡Prorrumpan en alegres
cánticos y Salmo! (Salmo 98:4).

¡Brame el mar y todo lo que él contiene; el
mundo y todos sus habitantes! (Salmo 98:7).

¡Batan palmas los ríos, y canten jubilosos todos los
montes! Canten delante del Señor (Salmo 98:8–9).

Señor, eres rey: que tiemblen las naciones.
Grande eres en Sión, ¡excelso sobre
todos los pueblos! (Salmo 99:1–2).

Te levantarás y tendrás piedad de Sión, pues
ya es tiempo de que la compadezcas. ¡Ha
llegado el momento señalado! (Salmo 102:13).

Las naciones temerán tu nombre Señor; todos
los reyes de la tierra reconocerán tu majestad.
Porque reconstruirás a Sión, y te manifestarás
en tu esplendor (Salmo 102:15–16).

Señor, atiende a la oración de los desamparados,
y no desdeñes sus ruegos (Salmo 102:17).

Miró el Señor desde su altísimo santuario;
contempló la tierra desde el cielo, para oír
los lamentos de los cautivos y liberar a los
condenados a muerte (Salmo 102:19–20).

Alaba, alma mía, al Señor, y no olvides
ninguno de sus beneficios (Salmo 103:2).

Señor, perdonaste todos mis pecados y
sanaste todas mis dolencias (Salmo 103:3).

Rescataste mi vida del sepulcro y me cubriste
de amor y compasión (Salmo 103:4).

Colmas de bienes mi vida y te rejuvenece
como a las águilas (Salmo 103:5).

El Señor hace justicia y defiende a
todos los oprimidos (Salmo 103:6).

Tan lejos de nosotros echó nuestras
transgresiones como lejos del oriente
está el occidente (Salmo 103:12).

El Señor ha establecido su trono en el cielo; su
reinado domina sobre todos (Salmo 103:19).

Alaben al Señor, todas sus obras en todos
los ámbitos de su dominio. ¡Alaba, alma
mía, al Señor! (Salmo 103:22).

¡Oh Señor, cuán numerosas son tus obras!
¡Todas ellas las hiciste con sabiduría! ¡Rebosa la
tierra con todas tus criaturas! (Salmo 104:24).

Que la gloria del Señor perdure eternamente; que
el Señor se regocije en sus obras (Salmo 104:31).

Convirtió el desierto en fuentes de agua, la
tierra seca en manantiales (Salmo 107:35).

¡Que el Señor extienda desde Sión el
poder de tu cetro! ¡Domina tú en medio
de tus enemigos! (Salmo 110:2).

Señor, das de comer a quienes
te temen (Salmo 111:5).

Señor, pagaste el precio del rescate
de tu pueblo (Salmo 111:9).

Desde la salida del sol hasta su ocaso,
alabo el nombre del Señor. Él impera
sobre todas las naciones; su gloria está
sobre los cielos (Salmo 113:3-4).

Él levanta del polvo al pobre y saca del
muladar al necesitado (Salmo 113:7).

A la mujer estéril le das un hogar y le concedes
la dicha de ser madre (Salmo 113:9).

¡Tiembla, oh tierra, ante el Señor, tiembla
ante el Dios de Jacob! (Salmo 114:7).

¡Alaben al Señor, naciones todas! ¡Pueblos
todos, cántenle alabanzas! ¡Grande es su amor
por nosotros! ¡La fidelidad del Señor es eterna!
¡Aleluya! ¡Alabado sea el Señor! (Salmo 117).

Gritos de júbilo y victoria resuenan en
las casas de los justos: ¡La diestra del
Señor realiza proezas! (Salmo 118:15).

Ábranme las puertas de la justicia para que
entre yo a dar gracias al Señor (Salmo 118:19).

La piedra que desecharon los constructores
ha llegado a ser la piedra angular. Esto
ha sido obra del Señor, y nos deja
maravillados (Salmo 118:22–23).

Éste es el día en que el Señor actuó; regocijémonos
y alegrémonos en él (Salmo 118:24).

Señor, ¡danos la salvación! Señor,
¡concédenos la victoria! (Salmo 118:25).

El Señor es quien te cuida, el Señor es tu sombra
protectora. De día el sol no te hará daño, ni
la luna de noche. El Señor te protegerá; de
todo mal protegerá tu vida (Salmo 121:5–7).

El Señor te cuidará en el hogar y en el camino,
desde ahora y para siempre (Salmo 121:8).

Que haya paz [shalom] dentro de tus murallas,
seguridad en tus fortalezas (Salmo 122:7).

Como rodean las colinas a Jerusalén,
así rodea el Señor a su pueblo, desde
ahora y para siempre (Salmo 125:2).

¡Que se revistan de justicia tus sacerdotes! ¡Que
tus fieles canten jubilosos! (Salmo 132:9).

El Señor ha escogido a Sión [tu Iglesia];
su deseo es hacer de este monte su morada:
Éste será para siempre mi lugar de
reposo; aquí pondré mi trono, porque
así lo deseo (Salmo 132:13–14).

Bendeciré con creces sus provisiones, y
saciaré de pan a sus pobres (Salmo 132:15).

Revestiré de salvación a sus sacerdotes, y
jubilosos cantarán sus fieles (Salmo 132:16).

Es como el rocío de Hermón que va
descendiendo sobre los montes de Sión [la
Iglesia]. Donde se da esta armonía, el Señor
concede bendición y vida eterna (Salmo 133:3).

Elevo mis manos hacia el santuario y bendigo
al Señor. Que desde Sión me bendiga el Señor,
creador del cielo y de la tierra (Salmo 134:2–3).

Señor, tu gran amor perdura
para siempre (Salmo 136).

Oh Señor, todos los reyes de la tierra te alabarán
al escuchar tus palabras (Salmo 138:4).

Señor, cumple en mí tu propósito. Tu gran amor,
Señor, perdura para siempre (Salmo 138:8).

¡Te alabo porque soy una creación
admirable! (Salmo 139:14).

¡Cuán preciosos, oh Dios, me son tus
pensamientos! ¡Cuán inmensa es la suma de
ellos! Si me propusiera contarlos, sumarían más
que los granos de arena (Salmo 139:17–18).

Señor, ponme en la boca un centinela; un
guardia a la puerta de mis labios (Salmo 141:3).

A ti he clamado, Señor; dije: Tú eres mi refugio, mi
porción en la tierra de los vivientes. Atiende a mi
clamor, porque estoy muy abatido; líbrame de los
que me persiguen, porque son más fuertes que yo.
Saca mi alma de la prisión, para que yo dé gracias
a tu nombre; los justos me rodearán, porque tú me
colmarás de bendiciones (Salmo 142:5–7, BLDA).

Por la mañana hazme saber de tu gran
amor, porque en ti he puesto mi confianza.
Señálame el camino que debo seguir, porque
a ti elevo mi alma (Salmo 143:8).

Enséñame a hacer tu voluntad, porque tú eres
mi Dios. Que tu buen Espíritu me guíe por
un terreno sin obstáculos (Salmo 143:10).

Señor, eres mi Dios amoroso, mi amparo,
mi más alto escondite, mi libertador, mi
escudo, en quien me refugio. Eres quien
pone los pueblos a mis pies (Salmo 144:2).

Que nuestros hijos, en su juventud, crezcan
como plantas frondosas (Salmo 144:12).

Que sean nuestras hijas como columnas esculpidas
para adornar un palacio (Salmo 144:12).

Que nuestros graneros se llenen con
provisiones de toda especie (Salmo 144:13).

Que nuestros rebaños aumenten por
millares, por decenas de millares en
nuestros campos (Salmo 144:13).

Que nuestros bueyes arrastren cargas pesadas;
que no haya brechas ni salidas, ni gritos de
angustia en nuestras calles. ¡Dichoso el pueblo
que recibe todo esto! ¡Dichoso el pueblo
cuyo Dios es el Señor! (Salmo 144:14–15).

Cada generación celebrará tus obras y
proclamará tus proezas (Salmo 145:4).

Señor, se hablará del esplendor de tu
gloria y majestad, y yo meditaré en tus
obras maravillosas (Salmo 145:5).

Se hablará del poder de tus portentos, y yo
anunciaré la grandeza de tus obras (Salmo 145:6).

Señor, que hablen de la gloria de tu reino;
que proclamen tus proezas (Salmo 145:11).

Tu reino es un reino eterno; tu dominio
permanece por todas las edades (Salmo 145:13).

Señor, tú das libertad a los cautivos (Salmo 146:7).

El Señor da vista a los ciegos, sostiene
a los agobiados (Salmo 146:8).

El Señor protege al extranjero y sostiene
al huérfano y a la viuda, pero frustra los
planes de los impíos (Salmo 146:9).

¡Que tu imperio reine en esta
generación! (Salmo 146:10).

El Señor reconstruye a Jerusalén [tu Iglesia] y
reúne a los exiliados de Israel (Salmo 147:2).

Restaura a los abatidos y cubre con
vendas sus heridas (Salmo 147:3).

Señor, tú sostienes a los pobres, haces morder
el polvo a los impíos (Salmo 147:6).

Él trae la paz a tus fronteras y te sacia
con lo mejor del trigo (Salmo 147:14).

¡Aleluya! ¡Alabado sea el Señor!
Alaben al Señor desde los cielos,
alábenlo desde las alturas. Alábenlo, todos sus
ángeles, alábenlo, todos sus ejércitos.
Alábenlo, sol y luna, alábenlo, estrellas
luminosas. Alábenlo ustedes, altísimos cielos,
y ustedes, las aguas que están sobre los cielos.
Sea alabado el nombre del Señor, porque él dio
una orden y todo fue creado (Salmo 148:1–5).

Alaben al Señor desde la tierra los monstruos
marinos y las profundidades del mar, el relámpago
y el granizo, la nieve y la neblina, el viento
tempestuoso que cumple su mandato, los montes
y las colinas, los árboles frutales y todos los
cedros, los animales salvajes y los domésticos, los
reptiles y las aves, los reyes de la tierra y todas
las naciones, los príncipes y los gobernantes de
la tierra, los jóvenes y las jóvenes, los ancianos
y los niños. Alaben el nombre del Señor, porque
sólo su nombre es excelso; su esplendor está por
encima de la tierra y de los cielos (Salmo 148:7–13).

¡Aleluya! ¡Alabado sea el Señor!
Canten al Señor un cántico nuevo,
alábenlo en la comunidad de
los fieles (Salmo 149:1).

Me alegraré en el que me hizo; que se regocijen
los hijos de Sión por su rey (Salmo 149:2).

Porque el Señor se complace en su
pueblo; a los humildes concede el
honor de la victoria (Salmo 149:4).

Puesto que la palabra del rey tiene autoridad,
¿quién puede pedirle cuentas? (Eclesiastés 8:4).

En los últimos días, el monte de la casa del
Señor [la Iglesia] será establecido como el más
alto de los montes; se alzará por encima de las
colinas, y hacia él confluirán todas las naciones.
Él juzgará entre las naciones y será árbitro de
muchos pueblos. Convertirán sus espadas en
arados y sus lanzas en hoces. No levantará
espada nación contra nación, y nunca más se
adiestrarán para la guerra (Isaías 2:2–4).

El pueblo que andaba en la oscuridad ha visto
una gran luz; sobre los que vivían en densas
tinieblas la luz ha resplandecido (Isaías 9:2).

Se extenderán su soberanía y su paz,
y no tendrán fin. Gobernará sobre el trono
de David y sobre su reino, para establecerlo
y sostenerlo con justicia y rectitud desde
ahora y para siempre (Isaías 9:7).

Y un remanente volverá; un remanente de
Jacob volverá al Dios Poderoso. Israel, aunque
tu pueblo sea como la arena del mar, sólo un
remanente volverá. Se ha decretado destrucción,
abrumadora justicia (Isaías 10:20–22).

En aquel día se alzará la raíz de Isaí
como estandarte de los pueblos; hacia
él correrán las naciones, y glorioso será
el lugar donde repose (Isaías 11:10).

¡Dios es mi salvación! Confiaré en él y no
temeré. El Señor es mi fuerza, el Señor es mi
canción; ¡él es mi salvación! (Isaías 12:2).

Con alegría sacarán ustedes agua de las
fuentes de la salvación (Isaías 12:3).

En aquel día se dirá:
Alaben al Señor, invoquen su nombre;
den a conocer entre los pueblos sus obras;
proclamen la grandeza de su nombre
(Isaías 12:4).

Canten Salmo al Señor, porque ha hecho
maravillas; que esto se dé a conocer
en toda la tierra (Isaías 12:5).

¡Canta y grita de alegría, habitante de
Sión; realmente es grande, en medio de
ti, el Santo de Israel! (Isaías 12:6).

Cuando el Señor los haga descansar de su
sufrimiento, de su tormento y de la cruel
esclavitud a la que fueron sometidos (Isaías 14:3).

Hasta los pinos y cedros del Líbano se burlan
de ti y te dicen: Desde que yaces tendido,
nadie viene a derribarnos (Isaías 14:8).

Toda la tierra [la Iglesia] descansa tranquila y
prorrumpe en gritos de alegría (Isaías 14:7).

El Señor Todopoderoso ha jurado: Tal como
lo he planeado, se cumplirá; tal como lo he
decidido, se realizará. Destrozaré a Asiria en
mi tierra; la pisotearé sobre mis montes. Mi
pueblo dejará de llevar su yugo; ya no pesará
esa carga sobre sus hombros. Esto es lo que he
determinado para toda la tierra; ésta es la mano
que he extendido sobre todas las naciones. Si lo
ha determinado el Señor Todopoderoso, ¿quién
podrá impedirlo? Si él ha extendido su mano,
¿quién podrá detenerla? (Isaías 14:24–27).

El trono se fundará en la lealtad, y un
descendiente de David reinará sobre él con
fidelidad: será un juez celoso del derecho
y ansioso de hacer justicia (Isaías 16:5).

Sobre este monte, el Señor Todopoderoso
preparará para todos los pueblos un banquete
de manjares especiales, un banquete de vinos
añejos, de manjares especiales y de selectos
vinos añejos. Sobre este monte rasgará el velo
que cubre a todos los pueblos, el manto que
envuelve a todas las naciones (Isaías 25:6–7).

En aquel día se entonará esta canción en la
tierra de Judá: Tenemos una ciudad fuerte.
Como un muro, como un baluarte, Dios
ha interpuesto su salvación (Isaías 26:1).

Abran las puertas, para que entre la nación
justa que se mantiene fiel (Isaías 26:2).

Al de carácter firmc lo guardarás en perfecta
paz, porque en ti confía (Isaías 26:3).

Confíen en el Señor para siempre, porque
el Señor es una Roca eterna (Isaías 26:4).

Señor, tú estableces la paz en favor
nuestro, porque tú eres quien realiza
todas nuestras obras (Isaías 26:12).

En aquel día el Señor castigará a Leviatán,
la serpiente huidiza, a Leviatán,
la serpiente tortuosa. Con su espada
violenta, grande y poderosa,
matará al Dragón que está en el mar
(Isaías 27:1).

Canten en aquel día a la viña escogida:
Yo, el Señor, soy su guardián;
todo el tiempo riego mi viña.
Día y noche cuido de ella para que
nadie le haga daño (Isaías 27:2–3).

Por eso dice el Señor omnipotente:
¡Yo pongo en Sión [tu Iglesia] una piedra probada!,
piedra angular y preciosa para un cimiento firme;
el que confíe no andará desorientado (Isaías 28:16).

Por eso el Señor los espera, para tenerles piedad;
por eso se levanta para mostrarles compasión.
Porque el Señor es un Dios de justicia. ¡Dichosos
todos los que en él esperan! (Isaías 30:18).

Ya sea que te desvíes a la derecha o a la izquierda,
tus oídos percibirán a tus espaldas una voz que
te dirá: Éste es el camino; síguelo (Isaías 30:21).

Ustedes cantarán como en noche de fiesta
solemne; su corazón se alegrará, como
cuando uno sube con flautas a la montaña
del Señor, a la Roca de Israel (Isaías 30:29).

Hasta que desde lo alto el Espíritu sea
derramado sobre nosotros. Entonces el desierto
se volverá un campo fértil, y el campo fértil
se convertirá en bosque (Isaías 32:15).

El producto de la justicia será la paz; tranquilidad
y seguridad perpetuas serán su fruto (Isaías 32:17).

Mi pueblo habitará en un lugar de
paz, en moradas seguras, en serenos
lugares de reposo (Isaías 32:18).

Señor, ten compasión de nosotros; pues
en ti esperamos. Sé nuestra fortaleza
cada mañana, nuestra salvación en
tiempo de angustia (Isaías 33:2).

Señor, eres la seguridad de mis tiempos, me
darás en abundancia salvación, sabiduría y
conocimiento; tu temor será mi tesoro (Isaías 33:6).

Permite que mis ojos vean tu
esplendor (Isaías 33:17).

Señor, procederé con justicia y hablaré con
rectitud, rechazaré la ganancia de la extorsión, mis
manos no aceptarán soborno, no prestaré oído a
las conjuras de asesinato y cerraré los ojos para no
contemplar el mal. Moraré en las alturas; tendré
como refugio una fortaleza de rocas, me proveerás
de pan, y no me faltará el agua (Isaías 33:15–16).

Mira a Sión, la ciudad de nuestras fiestas;
tus ojos verán a Jerusalén,
morada apacible, campamento bien plantado;
sus estacas jamás se arrancarán,
ni se romperá ninguna de sus sogas
(Isaías 33:20).

Señor llévame a un lugar de anchos
ríos y canales (Isaías 33:21).

No diré: Estoy enfermo; porque mi
iniquidad es perdonada (Isaías 33:24).

Que se alegren el desierto y el sequedal;
que se regocije el desierto y florecerá
como el azafrán (Isaías 35:1).

Florecerá y se regocijará: ¡gritará de alegría!
Se le dará la gloria del Líbano, y el esplendor
del Carmelo y de Sarón (Isaías 35:2).

Ellos verán la gloria del Señor, el esplendor
de nuestro Dios (Isaías 35:2).

Fortalece mis manos débiles, afirma mis
rodillas temblorosas (Isaías 35:3).

Se abrirán entonces los ojos de los ciegos y se
destaparán los oídos de los sordos (Isaías 35:5).

Saltará el cojo como un ciervo, y gritará de alegría
la lengua del mudo. Porque aguas brotarán en el
desierto, y torrentes en el sequedal (Isaías 35:6).

La arena ardiente se convertirá en
estanque, la tierra sedienta en manantiales
burbujeantes (Isaías 35:7).

Permíteme andar en camino de santidad. Que no
se me atraviesen fieras ni bestias en mi camino,
ya que soy un redimido tuyo (Isaías 35:8–9).

Y volverán los rescatados por el Señor, y
entrarán en Sión con cantos de alegría,
coronados de una alegría eterna (Isaías 35:10).

Me alcanzarán la alegría y el regocijo, y se
alejarán la tristeza y el gemido (Isaías 35:10).

Señor, tú me consuelas. Hablaré y anunciaré
que mi pecado fue perdonado (Isaías 40:1–2).

Una voz proclama: Preparen en el desierto un
camino para el Señor; enderecen en la estepa
un sendero para nuestro Dios (Isaías 40:3).

Que se levanten todos los valles, y se allanen
todos los montes y colinas (Isaías 40:4).

Que el terreno escabroso se nivele y se
alisen las quebradas (Isaías 40:4).

Entonces se revelará la gloria del Señor,
y la verá toda la humanidad. El Señor
mismo lo ha dicho (Isaías 40:5).

Iré al monte del Señor y alzaré con fuerza mi
voz. Y declararé: ¡Aquí está tu Dios! (Isaías 40:9).

Señor, soy de tu rebaño, aliméntame y
guíame con cuidado (Isaías 40:11).

Señor, dame poder y fortaléceme (Isaías 40:29).

Esperaré al Señor y renovará mis
fuerzas (Isaías 40:31).

Señor, volaré como las águilas: correré y no me
fatigaré, caminaré y no me cansaré (Isaías 40:31).

Señor, no temo porque estoy contigo; no
me angustio porque eres mi Dios. Me
fortalecerás y me ayudarás; me sostendrás
con tu diestra victoriosa (Isaías 41:10).

Señor, no temeré porque estás conmigo; tú
me fortaleces, me ayudas y me sostienes
con tu mano derecha (Isaías 41:13).

Señor, me convertiste en una trilladora nueva
y afilada, de doble filo. Trillaré las montañas
y las haré polvo; convertiré en paja las colinas.
Las aventaré y se las llevará el viento; ¡un
vendaval las dispersará! (Isaías 41:15–16).

Señor, harás brotar ríos en las áridas cumbres,
y manantiales entre los valles. Transformarás
el desierto en estanques de agua, y el
sequedal en manantiales (Isaías 41:18).

Señor, llena cada punto desierto de mi
vida con toda clase de árboles: cedros,
acacias, mirtos y olivos; planta cipreses,
junto con pinos y abetos (Isaías 41:19).

Para que la gente vea y sepa, y considere y
entienda, que la mano del Señor ha hecho esto,
que el Santo de Israel lo ha creado (Isaías 41:20).

No vacilará ni se desanimará hasta implantar
la justicia en la tierra. Las costas lejanas
esperan su enseñanza (Isaías 42:4).

Señor, abre los ojos de los ciegos, libra de
la cárcel a los presos, y del calabozo a los
que habitan en tinieblas (Isaías 42:7).

Las cosas pasadas se han cumplido, y
ahora anuncio cosas nuevas; ¡las anuncio
antes que sucedan! (Isaías 42:9).

Señor, te cantaré una canción nueva
(Isaías 42:10).

Que alcen la voz el desierto y sus ciudades, y
los poblados donde Cedar habita. Que canten
de alegría los habitantes de Selá, y griten desde
las cimas de las montañas (Isaías 42:11).

Den gloria al Señor y proclamen su alabanza
en las costas lejanas (Isaías 42:12).

Señor, marcharás como guerrero; como
hombre de guerra despertarás tu celo. Con
gritos y alaridos te lanzarás al combate, y
triunfarás sobre tus enemigos (Isaías 42:13).

Conduciré a los ciegos por caminos desconocidos,
los guiaré por senderos inexplorados (Isaías 42:16).

Señor, ante mí convertiste las tinieblas en luz, y
allanaste los lugares escabrosos (Isaías 42:16).

Le agradó al Señor, por amor a su justicia,
hacer su ley grande y gloriosa (Isaías 42:21).

Señor, me has redimido; me has llamado
por mi nombre; soy tuyo (Isaías 43:1).

Cuando cruzo las aguas, estás
conmigo; cuando cruzo los ríos, no
me cubren sus aguas (Isaías 43:2).

Cuando camino sobre el fuego, no me quemo
ni me abrasan las llamas (Isaías 43:2).

No temo, porque estoy contigo; desde el
oriente traeré a mi descendencia, desde el
occidente me reunirás (Isaías 43:3-6).

Trae a todo el que sea llamado por mi
nombre, al que yo he creado para mi gloria,
al que yo hice y formé (Isaías 43:7).

Ustedes son mis testigos —afirma el Señor—,
son mis siervos escogidos, para que me conozcan
y crean en mí, y entiendan que yo soy. Antes
de mí no hubo ningún otro dios, ni habrá
ninguno después de mí (Isaías 43:10–11).

Así dice el Señor, el que abrió un camino
en el mar, una senda a través de las
aguas impetuosas (Isaías 43:16).

El que hizo salir carros de combate y
caballos, ejército y guerrero al mismo
tiempo, los cuales quedaron tendidos para
nunca más levantarse, extinguidos como
mecha que se apaga (Isaías 43:17).

¡Voy a hacer algo nuevo! Ya está sucediendo, ¿no
se dan cuenta? Estoy abriendo un camino en el
desierto, y ríos en lugares desolados (Isaías 43:19).

Los animales salvajes, los chacales y los
avestruces te honran; haces brotar agua en el
desierto, ríos en lugares desolados, para dar
de beber a tu pueblo escogido (Isaías 43:20).

Señor, me formaste para ti, para que
proclame tu alabanza (Isaías 43:21).

Yo soy el que por amor a mí mismo
borra tus transgresiones y no se acuerda
más de tus pecados (Isaías 43:25).

Señor, regarás con agua la tierra sedienta, y
con arroyos el suelo seco (Isaías 44:3).

Derrama tu Espíritu sobre mi descendencia, y
tu bendición sobre tus vástagos (Isaías 44:3).

Y brotarán como hierba en un prado, como
sauces junto a arroyos (Isaías 44:4).

He disipado tus transgresiones como el rocío,
y tus pecados como la bruma de la mañana.
Vuelve a mí, que te he redimido (Isaías 44:22).

¡Canten de alegría, cielos, que esto lo
ha hecho el Señor! (Isaías 44:23).

¡Prorrumpan en canciones, montañas; y
bosques, con todos sus árboles! Porque el
Señor ha redimido a Jacob (Isaías 44:23).

Yo frustro las señales de los falsos profetas
y ridiculizo a los adivinos; yo hago
retroceder a los sabios y convierto su
sabiduría en necedad (Isaías 44:25).

Yo confirmo la palabra de mis siervos y cumplo
el consejo de mis mensajeros (Isaías 44:26).

Yo digo que Jerusalén será habitada, que
los pueblos de Judá serán reconstruidos; y
sus ruinas las restauraré (Isaías 44:26).

Yo mando que se seque lo profundo del
mar, y ordeno que se sequen sus corrientes.
Yo afirmo que Ciro es mi pastor, y dará
cumplimiento a mis deseos (Isaías 44:27–28).

Así dice el Señor a Ciro, su ungido, a quien
tomó de la mano derecha para someter a su
dominio las naciones y despojar de su armadura
a los reyes, para abrir a su paso las puertas
y dejar abiertas las entradas (Isaías 45:1).

Marcharé al frente de ti, y allanaré las
montañas; haré pedazos las puertas de bronce
y cortaré los cerrojos de hierro (Isaías 45:2).

Te daré los tesoros de las tinieblas,
y las riquezas guardadas en lugares secretos,
para que sepas que yo soy el Señor,
el Dios de Israel, que te llama
por tu nombre (Isaías 45:3).

¡Destilen, cielos, desde lo alto!
¡Nubes, hagan llover justicia!
¡Que se abra la tierra de par en par! ¡
Que brote la salvación!
¡Que crezca con ella la justicia!
Yo, el Señor, lo he creado (Isaías 45:8).

Hay un solo Dios, no hay ningún otro, y
ese Dios está contigo (Isaías 45:14).

Pero Israel será salvada por el Señor con
salvación eterna; y nunca más volverá a ser
avergonzada ni humillada (Isaías 45:17).

Vuelvan a mí y sean salvos, todos los
confines de la tierra, porque yo soy Dios,
y no hay ningún otro (Isaías 45:22).

Sólo en el Señor están la justicia
y el poder (Isaías 45:24).

Pero toda la descendencia de Israel será
vindicada y exaltada en el Señor (Isaías 45:25).

Pesadas son las imágenes que por todas partes
llevan; son una carga para el agotado (Isaías 46:1).

Yo anuncio el fin desde el principio;
desde los tiempos antiguos, lo que
está por venir (Isaías 46:10).

Mi justicia no está lejana; mi salvación ya no
tarda. ¡Estoy por traerlas! Concederé salvación
a Sión, y mi esplendor a Israel (Isaías 46:13).

Yo soy el Señor tu Dios, que te enseña lo
que te conviene, que te guía por el camino
en que debes andar (Isaías 48:17).

Yo te pongo ahora como luz para las
naciones, a fin de que lleves mi salvación
hasta los confines de la tierra (Isaías 49:6).

Los reyes te verán y se pondrán de pie, los
príncipes te verán y se inclinarán, por
causa del Señor, el Santo de Israel, que
es fiel y te ha escogido (Isaías 49:7).

En el momento propicio te respondí, y en el día de
salvación te ayudé. Ahora te guardaré, y haré de ti
un pacto para el pueblo, para que restaures el país
y repartas las propiedades asoladas (Isaías 49:8).

Para que digas a los cautivos: "¡Salgan!", y a
los que viven en tinieblas: "¡Están en libertad!"
Junto a los caminos pastarán y en todo cerro
árido hallarán pastos. No tendrán hambre ni
sed, no los abatirá el sol ni el calor, porque los
guiará quien les tiene compasión, y los conducirá
junto a manantiales de agua (Isaías 49:9–10).

Convertiré en caminos todas mis montañas,
y construiré mis calzadas (Isaías 49:11).

Ustedes los cielos, ¡griten de alegría! Tierra,
¡regocíjate! Montañas, ¡prorrumpan en canciones!
Porque el Señor consuela a su pueblo y tiene
compasión de sus pobres (Isaías 49:13).

Tus constructores se apresuran; de ti se apartan
tus destructores y los que te asolaron (Isaías 49:17).

Así dice el Señor omnipotente: Hacia las
naciones alzaré mi mano, hacia los pueblos
levantaré mi estandarte. Ellos traerán a
tus hijos en sus brazos, y cargarán a tus
hijas en sus hombros (Isaías 49:22).

Los reyes te adoptarán como hijo, y sus
reinas serán tus nodrizas. Se postrarán ante
ti rostro en tierra, sabrás entonces que yo soy
el Señor, y que no quedarán avergonzados
los que en mí confían (Isaías 49:23).

Sin duda, el Señor consolará a Sión;
consolará todas sus ruinas (Isaías 51:3).

Sí, al guerrero se le arrebatará el cautivo, y
del tirano se rescatará el botín; contenderé
con los que contiendan contigo, y yo
mismo salvaré a tus hijos (Isaías 49:25).

Convertirá en un Edén su desierto; en
huerto del Señor sus tierras secas. En ella
encontrarán alegría y regocijo, acción de
gracias y música de Salmo (Isaías 51:3).

¿No fuiste tú el que secó el mar, esas aguas
del gran abismo? ¿El que en las profundidades
del mar hizo un camino para que por él
pasaran los redimidos? (Isaías 51:10).

Volverán los rescatados del Señor, y
entrarán en Sión con cánticos de júbilo; su
corona será el gozo eterno. Se llenarán de
regocijo y alegría, y se apartarán de ellos
el dolor y los gemidos (Isaías 51:11).

He puesto mis palabras en tu boca y te he
cubierto con la sombra de mi mano; he establecido los cielos y afirmado la tierra, y he dicho
a Sión: "Tú eres mi pueblo" (Isaías 51:16).

¡Despierta, Sión, despierta! ¡Revístete de poder!
Jerusalén, ciudad santa, ponte tus vestidos
de gala, que los incircuncisos e impuros
no volverán a entrar en ti (Isaías 52:1).

¡Libérate de las cadenas de tu cuello, cautiva
hija de Sión! Porque así dice el Señor:
Ustedes fueron vendidos por nada, y sin
dinero serán redimidos (Isaías 52:2–3).

¡Qué hermosos son, sobre los montes, los
pies del que trae buenas nuevas; del que
proclama la paz, del que anuncia buenas
noticias, del que proclama la salvación, del
que dice a Sión: Tu Dios reina! (Isaías 52:7).

Ruinas de Jerusalén, ¡prorrumpan juntas en
canciones de alegría! Porque el Señor ha consolado
a su pueblo, ¡ha redimido a Jerusalén! (Isaías 52:9).

El Señor desnudará su santo brazo a la vista de
todas las naciones, y todos los confines de la tierra
verán la salvación de nuestro Dios (Isaías 52:10).

Señor ve delante de mí; cúbreme
la espalda (Isaías 52:12).

Del mismo modo, muchas naciones se asombrarán,
y en su presencia enmudecerán los reyes, porque
verán lo que no se les había anunciado, y
entenderán lo que no habían oído (Isaías 52:15).

Señor, ciertamente has cargado con mis
enfermedades y soportaste mi dolor, fuiste
herido por mis rebeliones y molido por mis
iniquidades; el castigo de mi paz fue sobre ti y
gracias a tus heridas fui sanado (Isaías 53:4–5).

Voy a cantar y a gritar de alegría, porque me has
dicho que ensanche el espacio de mi carpa y que
despliegue las cortinas de mi morada. ¡Que no
me limite! Porque a derecha y a izquierda me
extenderé; y mi descendencia desalojará naciones,
y poblará ciudades desoladas (Isaías 54:1–3).

Señor, he creído tu mensaje y me has
revelado tu poder (Isaías 53:1).

No tendré miedo ni me avergonzaré,
porque el Señor es mi creador y es el
Dios de toda la tierra (Isaías 54:5).

Señor, aunque cambien de lugar las
montañas y se tambaleen las colinas, no
será removido de mi vida mi fiel amor por
ti ni vacilará mi pacto de paz, porque has
tenido compasión de mí (Isaías 54:10).

A pesar de haber sido azotado por tormentas,
has prometido afirmarme con piedras de
turquesa y cimentarme con zafiros. Vas
a construir con rubíes mis almenas, con
joyas brillantes mis puertas y con piedras
preciosas todos mis muros (Isaías 54:11–12).

Seré establecido en la justicia y la opresión
estará lejos de mí, no tendré nada que
temer, porque el terror estará muy lejos
y no se me acercará (Isaías 54:14).

El Señor mismo me instruirá y grande
será mi paz (Isaías 54:13).

Ninguna arma forjada contra mí prevalecerá,
y voy a refutar toda lengua que me acuse,
porque esta es mi herencia y mi reivindicación
de parte del Señor (Isaías 54:17).

Recibo el pacto eterno, recibo las seguras
misericordias de David (Isaías 55:3).

Salgo con alegría, y seré guiado con la paz; las
montañas y las colinas prorrumpirán en gritos
de júbilo delante de mí, y todos los árboles
del campo batirán palmas (Isaías 55:12).

En vez de zarzas, crecerán cipreses; mirtos,
en lugar de ortigas. Y entonces los árboles
se convertirán en testigos duraderos
a la gloria del Señor (Isaías 55:13).

Señor, me has dado un lugar dentro de tus
muros, y me has dado un nombre, un nombre
eterno, que jamás será borrado (Isaías 56:5).

He llegado a la montaña del Señor, y yo
soy feliz en la casa de oración, le ofrezco
sacrificios de alabanza (Isaías 56:7).

Señor, permite que mi luz despunte como la aurora, y al instante llegue la primavera de mi sanidad; permite que mi justicia abra el camino, y tu gloria Señor sea mi retaguardia (Isaías 58:8).

Señor, guíame continuamente, y satisface mi alma en la sequía, fortalece mis huesos, déjame ser como un jardín regado y como manantial de aguas, cuyas aguas nunca se agotan (Isaías 58:11).

Señor, haz que se edifiquen las ruinas antiguas, y permite que los cimientos de generación y generación se levanten, déjame ser llamado "reparador de portillos" y restaurador de viviendas en ruinas (Isaías 58:12).

Señor, me deleito en ti, me haces subir sobre las alturas de la tierra, donde me darás a comer de la herencia de Jacob, porque lo has dicho (Isaías 58:14).

Que las naciones te teman desde el oeste, y tu gloria, desde la salida del sol (Isaías 59:19).

Señor, recibo tu pacto, tu Espíritu está sobre
mí y tus palabras en mi boca (Isaías 59:21).

Deja que tu Iglesia se levante y resplandezca,
porque la gloria del Señor ha nacido
sobre nosotros (Isaías 60:1).

Deja que la gloria del Señor brille sobre la Iglesia,
y los que estén en la oscuridad serán
guiados por tu luz, por tu amanecer
esplendoroso (Isaías 60:2–3).

Que los hijos e hijas de las naciones
vengan a Sión (Isaías 60:4).

Que nuestros corazones se llenen de
alegría, porque la abundancia del mar se
volvió hacia nosotros y la riqueza de las
naciones vendrán a Sión (Isaías 60:5).

Las puertas de Sión estarán siempre
abiertas, no se cerrarán ni de día ni de
noche; que los hombres puedan traer la
riqueza de las naciones (Isaías 60:11).

Que la gloria del Líbano llegue a Sión, para embellecer el lugar de mi santuario. Glorificaré el lugar donde reposan mis pies (Isaías 60:13).

Somos la ciudad del Señor, la Sión del Santo de Israel (Isaías 60:14).

Señor, designa a la paz como gobernante y a la justicia como oficial (Isaías 60:17).

La violencia no podrá ser oída en mi tierra, ni se oirá de destrucción ni quebrantamiento en mis fronteras, porque voy a llamar a mis muros salvación y a mis puertas alabanza (Isaías 60:18).

El Señor es mi luz eterna, Dios es mi gloria (Isaías 60:19).

Señor, tú me das belleza en vez de ceniza, óleo de gozo en lugar de luto, manto de alegría en lugar de espíritu angustiado; para que pueda ser llamado árbol de justicia, plantío del Señor, para que seas glorificado (Isaías 61:3).

Señor, esto es lo que has prometido: "El sol nunca se pondrá ni menguará tu luna. Yo, el Señor, te seré por luz perpetua, y el día de la tristeza llegará a su fin. Tu gente vivirá bien y siempre serás dueño de la tierra, serán el retoño plantado por mí mismo, la obra maestra que me glorificará. Incluso el más pequeño de la familia será una nación poderosa", pues tú eres el Señor, y cuando llegue el momento, pronto cumplirás tu Palabra (Isaías 60:20–22).

Soy sacerdote del Señor, siervo de Dios y me alimentaré de las riquezas de las naciones (Isaías 61:6).

En lugar de vergüenza, voy a recibir doble honor (Isaías 61:7).

Recibo el pacto eterno, yo soy la semilla que el Señor ha bendecido (Isaías 61:8–9).

Me he agradado mucho en el Señor, se alegra mi alma en mi Dios. Porque me vistió con vestiduras de salvación y con un manto de justicia (Isaías 61:10).

Que la justicia y la alabanza broten ante
todas las naciones (Isaías 61:11).

Las naciones verán tu justicia y todos
los reyes tu gloria (Isaías 62:2).

Soy una corona de gloria en la mano
del Señor, una diadema real en la
mano de mi Dios (Isaías 62:3).

Ya no me llamarán "Abandonado", ni mi tierra
nunca más será llamada "Desolada". Sino
que me llamarán "Mi deleite", y mi tierra se
llamará "Mi esposa", porque el Señor se deleita
en mí, y mi tierra tendrá esposo (Isaías 62:4).

A ti te daré sin descanso hasta que
Jerusalén se establezca y la convierta en
la alabanza en la tierra (Isaías 62:7).

Voy a comer y a beber en los atrios
de su santidad (Isaías 62:9).

Voy a hablar de la amorosa bondad del Señor
y sus alabanzas, de todo lo que el Señor me
ha concedido, y la gran bondad hacia la casa
de Israel, que ha derramado sobre ellos de
acuerdo a sus misericordias, de acuerdo con la
multitud de sus misericordias (Isaías 63:7).

Desde tiempos antiguos nadie ha escuchado, ni
ha oído ni percibido, ni ojo vio a ningún Dios
fuera de ti, que actúa en nombre de aquellos que
confían en él. Pero tú, Señor, te has revelado a
mí por tu Espíritu (Isaías 64:4; 1 Corintios 2:10).

Yo soy el redimido del Señor (Isaías 62:12).

Señor, sales al encuentro de los que, alegres,
practican la justicia (Isaías 64:5).

Señor, eres el alfarero y yo el barro, soy
la obra de tus manos (Isaías 64:8).

Yo soy la simiente de Jacob. Soy el elegido,
heredamos las montañas sagradas, donde
moran mis siervos (Isaías 65:9).

Yo habito en Sarón y descanso en
el valle de Acor (Isaías 65:10).

Soy una nueva creación en Cristo, mi
vida anterior no se recuerda, ni vendrá
más al pensamiento (Isaías 65:17).

Me alegraré y me regocijaré en la nueva
creación, estoy por crear una Iglesia gozosa
y su pueblo lleno de alegría (Isaías 65:18).

Señor, me regocijaré por Jerusalén y me alegraré
en mi pueblo; no volverán a oírse en ella voces
de llanto ni gritos de clamor (Isaías 65:19).

No trabajaré en vano, pero voy a disfrutar
del fruto de mi trabajo, porque soy el
bendito del Señor (Isaías 65:21–23).

Antes de que me llame, le respondo, mientras
estoy hablando, escuchará (Isaías 65:24).

Señor, extiende tu paz a tu Iglesia
como un río (Isaías 66:12).

Señor, has hecho que el lobo y el cordero se alimenten juntos en tu Iglesia, la serpiente se alimentará del polvo. En todo tu monte santo no habrá quien haga daño ni destruya (Isaías 65:25).

Alégrense con Jerusalén, y gócense con ella todos los que la aman. Alégrense por su gozo, todos los que lloran por ella (Isaías 66:10).

Se alegra mi corazón y mis huesos reverdecerán como la hierba, y la mano del Señor se ha hecho notorio sobre mí (Isaías 66:14).

Yo vengo de la montaña del Señor, a Sión, y me ofrezco como un sacrificio vivo (Isaías 66:20).

Soy sacerdote y levita por el nuevo pacto, la nueva creación, soy adorador (Isaías 66:21–23).

Déjame que me calle y cante en las alturas de Sión, y me regocijaré en la bondad del Señor que me provee de trigo, vino y aceite. Mi tierra será como un jardín bien regado, y no volveré más a la tristeza en absoluto (Jeremías 31:12).

Señor, en ti confío. Voy a ser como un árbol plantado junto a las aguas que extiende sus raíces hacia la corriente; así que no tienen por qué temer que llegue el calor. Mis hojas están siempre verdes, y me mantengo libre de preocupaciones; en época de sequía nunca dejo de dar frutos (Jeremías 17:7–8).

Señor, eres la rama de David, gobernarás y prosperarás, impartirás juicio y justicia en la tierra (Jeremías 23:5).

Señor, satisface mi alma con abundancia y lléname con tu bondad (Jeremías 31:14).

Señor, a través del nuevo pacto, pon tu ley en mi mente, y escríbela en mi corazón (Jeremías 31:33).

Señor, busca tu rebaño y cuida de ellos. Rescátalos de todos los lugares y tráelos de vuelta de las naciones extranjeras, donde ahora viven. Sé su pastor y apaciéntalos en campos fértiles y hazlos descansar seguros en los prados y las colinas verdes. Trae de vuelta los que se dispersan; venda los que están heridos y protege a los que son débiles (Ezequiel 34:11–16).

Derrama lluvia de bendición sobre
mi vida ahora (Ezequiel 34:26).

Señor, rocía las naciones, y da al pueblo un
nuevo corazón y un espíritu nuevo; pon
tu espíritu en ellos, y deja que sigan tus
estatutos y tus juicios (Ezequiel 36:25–27).

Señor, deja que tu pacto de paz continúe
de generación en generación, y permite
que tu santuario se establezca en medio
nuestro (Ezequiel 37:26–27).

Señor, muestra tu grandeza y santidad, date
a conocer ante muchas naciones para que
sepan que eres el Señor (Ezequiel 38:23).

Señor, deja que el río de la vida fluya desde
tu morada por todas las naciones, y permite
que las naciones sean sanadas (Ezequiel 47).

Señor, deja que las naciones coman
de los árboles que les dan vida y les
son medicina (Ezequiel 47:12).

Señor, soy santo, como tal poseeré
el reino (Daniel 7:22).

Señor, que la soberanía, el poder y la grandeza
de los reinos bajo el cielo sean entregados a los
santos, al pueblo del Altísimo (Daniel 7:27).

Señor, viniste a dar fin a los pecados y
a establecer tu reino (Daniel 9:24).

Señor, viniste a traer justicia perdurable
y a establecer tu reino (Daniel 9:24).

Señor, viniste a sellar la visión y la profecía,
y a establecer tu reino (Daniel 9:24).

Señor, viniste a ungir al Santo y a
establecer tu reino (Daniel 9:24).

Señor, he recibido tu misericordia; te
pertenezco y tú eres mi Dios (Oseas 2:23).

Señor, el que te invoca se salvará; deja
que venga al monte Sión (Joel 2:32).

Señor, que la gente sepa que eres el Dios que
vive en Sión, el monte sagrado (Joel 3:17).

Que ningún extraño pase nunca más
a través de Sión (Joel 3:17).

Que las montañas destilen vino
nuevo en mi vida (Joel 3:18).

Deja que la leche fluya de las
colinas a mi vida (Joel 3:18).

Deja que los arroyos de Judá
inunden mi ser (Joel 3:18).

Deja que la fuente de agua que sale de la
Iglesia riegue el valle de Sitim (Joel 3:18).

Permite que Judá more en mi ser para siempre, y
tu Iglesia de generación en generación (Joel 3:20).

Señor, has levantado el tabernáculo de
David y reparaste sus daños, lo levantaste
de sus ruinas, como en los tiempos
antiguos; deja que las naciones entren
en él (Amós 9:11, Hechos 15:14–17).

Permite que tu Iglesia posea el remanente
de Edom, y todas las naciones, que son
llamadas por tu nombre (Amós 9:12).

Señor, deja que mi vida produzca una cosecha
tal que no pueda recoger todo el trigo antes
del tiempo de arar, y que las uvas sobren
de una temporada a otra, una viña fecunda
que cubra las montañas (Amós 9:13).

Déjanos reconstruir nuestras ciudades y
vivir en ellas. Que podamos beber el vino
de nuestros propios viñedos y comer los
frutos que sembramos (Amós 9:14).

Planto mis profundas raíces en la tierra
que me has dado, por lo que nunca seré
arrancado de nuevo (Amós 9:15).

Que las naciones reciban liberación en el
monte Sión y que caminen en santidad; vamos
a tener nuestras posesiones (Abdías 17).

Levanta libertadores en el monte Sión, y permite
que el monte de Esaú [la carne] sea juzgado,
porque el reino es del Señor (Abdías 21).

Señor, montar a los cojos, y los marginados
y los afligidos (Miqueas 4:6).

Señor, reinarás sobre nosotros en el
monte Sión, desde ahora y para siempre,
sí, para siempre (Miqueas 4:7).

Señor, tu reino ha vuelto a nosotros (Miqueas 4:8).

Señor, has tenido compasión de mí, has sometido
mis iniquidades y has echado mis pecados a
las profundidades del mar (Miqueas 7:19).

Permite que los pies de los que predican el
evangelio traigan buenas noticias y anuncien
la paz a las naciones (Nahum 1:15, RV).

Señor, te deleitas en mí con alegría
y cantando (Sofonías 3:17).

Señor, te ocuparás de todos los que me
afligen, salvarás a los cojos y reunirás a
los descarriados, regresándome a casa, y
dándome la alabanza y el honor en el lugar
de mi cautiverio (Sofonías 3:19–20).

Permite que las naciones se unan a ti, Señor, que sean
tu pueblo, y habita en medio de ellos (Zacarías 2:11).

Señor, eres el Renuevo; edifica el templo [la Iglesia],
y gobierna desde tu trono (Zacarías 6:12-13).

Señor, habita en medio de tu Iglesia, la
Ciudad de la Verdad, el monte del
Señor de los ejércitos (Zacarías 8:3).

Señor, vive conmigo en verdad y justicia (Zacarías 8:8).

Señor, proclama la paz a las naciones, extiende
tu dominio de mar a mar, desde el río hasta
los confines de la tierra (Zacarías 9:10).

Señor, permite que seamos como joyas
de una corona, que nos eleves como
bandera sobre la tierra (Zacarías 9:16).

Señor, cuán grande es tu bondad y
tu hermosura (Zacarías 9:17).

Permite que el agua de tu fuente lave a las
naciones de pecado e impureza (Zacarías 13:1).

Deja que tu corriente de aguas vivas fluya
desde la Iglesia, y que seas nuestro Rey y
sobre toda la tierra (Zacarías 14:8–9).

Señor, permite que las naciones vengan y te
adoren y que continuemos celebrando la
fiesta de las Enramadas (Zacarías 14:16).

Que la santidad al Señor cubra mi vida, por
eso serviré en su casa (Zacarías 14:20).

Permite que la gente que has reunido [en
los tabernáculos] disfruten este tiempo de
cosecha, gozo y alabanza (Zacarías 14:16).

Que cada utensilio en su casa sea santo, y
que ofrezcamos sacrificios de alabanza
(Zacarías 14:21; Hebreos 13:16).

Señor, eres el sol de justicia, traes
salud contigo (Malaquías 4:2).

Porque tuyo es el reino, el poder y la gloria
para siempre. Amén (Mateo 6:13).

Permite que se me revelen los
misterios del reino (Mateo 13:11).

Que los hombres escuchen la palabra de
tu reino y den fruto (Mateo 13:23).

Que seamos escribientes instruidos en
cuanto a tu reino (Mateo 13:52).

Señor, que tu misericordia sea sobre los que te
temen de generación en generación (Lucas 1:50).

Señor, haz proezas con tu brazo y
dispersa a los soberbios (Lucas 1:51).

Señor, derroca a los poderosos de sus tronos
y exalta a los humildes (Lucas 1:52).

Señor, colma al hambriento de bienes y despide
a los ricos con las manos vacías (Lucas 1:53).

Señor, líbrame de la mano de mis enemigos, y
deja que te sirva sin temor, en santidad y justicia,
todos los días de mi vida (Lucas 1:74–75).

Danos poder y autoridad sobre todos los demonios
y para curar enfermedades, para predicar el reino
de Dios y sanar a los enfermos (Lucas 9:1-2).

Señor, tu reino no viene con señales [no físicas],
sino que está dentro de nosotros (Lucas 17:20–21)

Que la palabra de Dios se difunda y el
número de los discípulos se multiplique
en gran medida (Hechos 6:7).

Que los ríos de agua viva fluyan desde
lo más íntimo de mi ser (Juan 7:38).

Que las señales y prodigios aumenten
en el nombre de Jesús (Hechos 14:3).

Soy judío porque he sido circuncidado en el
corazón y en el espíritu, y mi alabanza no es
de hombres, sino de Dios (Romanos 2:28–29).

Porque de él y por él y para él son todas
las cosas, a quien sea gloria por los
siglos. Amén (Romanos 11:36).

Señor, tu reino no es comida ni bebida, sino
justicia, paz y gozo en el Espíritu Santo
(Romanos 14:17). Que tu justicia, tu paz
y tu alegría se revelen a las naciones.

Al único y sabio Dios, sea gloria por
Jesucristo para siempre (Romanos 16:27).

He venido al monte Sión, a la ciudad del Dios
viviente, la Jerusalén celestial (Hebreos 12:22).

Que tu palabra sea predicada, no con frases
persuasivas de humana sabiduría, sino con
demostración del Espíritu y poder (1 Corintios 2:4).

Dame espíritu de sabiduría y de revelación
en tu conocimiento, deja que los ojos de mi
entendimiento se iluminen para reconocer
la esperanza de tu llamado y las riquezas de
la gloria de tu herencia (Efesios 1:17–18).

A ti, oh Dios, sea gloria en la Iglesia a través
de Cristo Jesús por todas las generaciones, por
los siglos de los siglos. Amén (Efesios 3:21).

A Dios nuestro Salvador, el único que es
sabio, sea gloria y majestad, imperio y poder,
ahora y para siempre. Amén (Judas 25).

Señor, permite que las naciones [las
personas] que son salvas caminen a la luz
de la Nueva Jerusalén, y que los reyes te
rindan honor y gloria (Apocalipsis 21:24).

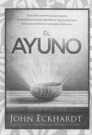

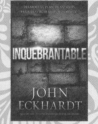

Para vivir la Palabra

www.casacreacion.com

CASA
CREACIÓN

Te invitamos a que visites nuestra página
web donde podrás apreciar la pasión por
la publicación de libros y Biblias:

www.casacreacion.com

f @CASACREACION

𝕏 @CASACREACION

📷 @CASACREACION

Para vivir la Palabra